Notas de amor

"*¡Asombroso! ¡Impactante! Cada uno de los 7 pasos de Yvonne Dayan es increíble, rebosante de sabiduría, entusiasmo e inspiración. ¡Obtén este libro único en su género y prepárate para impulsar tus éxitos Ya!*"

—Robert G. Allen, Autor de libros más vendidos del New York Times, Asesor de Inversiones, Autor de *Millonario en Un Minuto*

"*Estos 7 pasos de Yvonne son geniales para reinventar tu Vida. Además de sabios, también son prácticos. Las poderosas ideas que obtendrás de ellos te sorprenderán. ¡Sigue los pasos que dice este libro y empieza a vivir tu mejor vida!*"

—Donovan S. Gray, LCSW, Licenciado de Trabajo Social Clínico

"*¡Fabuloso! ¡Creativo! ¡Qué manera de llevar a la mujer a retomar su Poder, Yvonne es una verdadera maestra de la reinvención en cualquier área de la vida y en transformar los fracasos en éxito total!*"

Abogada Cynthia Sharp, Experta en Desarrollo de Negocios

"*Lo que Yvonne Dayan diga o escriba, yo lo quiero escuchar atentamente, y te prometo, que tú también querrás escucharlo. Ella logra transformar conceptos profundos y místicos en herramientas simples para el éxito y la vida diaria. Su libro está lleno de sabiduría que tú podrás poner en práctica de inmediato. ¡Yo recomiendo altamente este libro, así como cualquiera de sus cursos!*"

—Eddie Lara, Fotógrafo y Productor de videos

"*El Poder para Reinventar tu Vida se convertirá en un clásico en tu biblioteca. La filosofía de reinvención que Yvonne proyecta en este libro es intemporal, y sus principios son prácticos y universales. Aprenderás a tomar riesgos y tener la visión más alta de ti mismo, y más.*"

—Conrado Gómez, Director de Shiatsu Colombia

"En otra época en que estaba confundida, conocí a Yvonne y tuve la suerte de leer su libro, así como ir a su Curso de Inner Forte™, allí me reinventé y mi vida dio un giro de 180 grados, y pude encontrar paz, salud, prosperidad, felicidad y espiritualidad. Ahora veo el lado más brillante de la vida y consigo el éxito fácil. Yo animo a todos a incorporar las estrategias de este libro, y no se pierdan el Curso de reinvención; ¡Bien vale oro!"

—Stella Bermúdez, Directora de Smarlin Corporation

"Yvonne Dayan tiene una tremenda habilidad de ayudar a otros a encontrar y realizar su pasión. Ella me ayudó a reinventarme más de una vez y me ayudó a descubrir mi pasión y aprovechar mis talentos para alcanzar nuevos peldaños en mi carrera. Deseo que todos vivan su pasión como yo y este libro les ayudará justamente a hacer eso. ¡Altamente recomendado, especialmente para amar tu vida y alcanzar tu siguiente nivel de éxito!"

—Yulie Heaton, Directora de Yulie's Yoga

"Siempre he creído que Yvonne es una de las maestras más talentosas en el mundo actual del desarrollo personal. Su libro es un testimonio de su conocimiento sobre cómo maximizar nuestro potencial personal y empresarial para llevar nuestra vida al próximo nivel."

—Narda Urrea, Directora General de Servicios Tecnológicos Empresariales

El Poder de Reinventar tu Vida e impulsar tu pasión, éxito y carrera es una invitación a mejorar tu vida, para que puedas adquirir una versión más verdadera de ti. Hazle un favor a tu negocio y a ti, y acepta esta invitación. Luego, disfruta el recorrido y deja que estos pasos te enciendan de nuevo."

—Mollie Reckley

Uso las estrategias de este libro a diario en casa, lo mantengo al lado de mi cama, y en mi trabajo, y ¡recomiendo con toda seguridad que lo obtengas, lo uses y lo disfrutes!"

—Carmela Soussa, Administradora

"En este mundo de temor y duda, los poderosos mensajes de Yvonne Dayan siempre me dejan sintiéndome motivada, optimista y equipada con herramientas prácticas para alcanzar el éxito. El Poder para Reinventar tu Vida es un recurso importante para mantener a mano. ¡Gracias Yvonne!"

—Lina Morales, United Health International

"¡Asombroso, Creativo, Relevante... un elemento de cambio para que mujeres como yo recuperen su Poder Interior! No sólo recuperé el camino perdido, también me motivé a hacer nuevos cambios. He reinventado mi éxito financiero, y estoy disfrutando mi libertad financiera. ¡Los resultados que he tenido al aprender acerca de la reinvención y trabajar personalmente con Yvonne y su equipo, han renovado y enriquecido mi alma!"

—Alba Luz Henao, Experta en Administración de Empresas

"¡Un Mapa brillante y simple, lleno de conocimiento e inspiración que te llevará desde donde estás hasta dónde quieres estar!"

—Ahitza Gonzales, Juez

""Me reinventé y llevé mis relaciones al siguiente nivel. Mi vida ha mejorado inmensamente siguiendo el modelo de Yvonne Dayan. Este libro es como una joya difícil de encontrar. Consíguelo, Léelo y Sigue los pasos que ella señala."

—Ana Watkin, CEO de Shefa Designs.

"El concepto de reinvención de Yvonne Dayan es pura genialidad. Me he reinventado y ahora sé cómo cuidar todo de Mí. Mi manera de comer y mi relación con los alimentos han mejorado dramáticamente. Tengo Pasión para ir tras las cosas que realmente quiero. ¡Me siento afortunada de pertenecer a esta familia de gente impresionante, cariñosa y comprensiva que es   Inner Forte™! Yvonne y su equipo son 'Auténticos'. ¡Obtén este libro y toma las riendas de tu vida!"

—Dilcia Cabral, Administradora

EL PODER PARA REINVENTAR TU VIDA

*7 Pasos para Potenciar tu
Pasión, Propósito y Éxito*

EL **PODER** PARA **REINVENTAR** TU **VIDA**

7 Pasos para Potenciar tu Pasión, Propósito y Éxito

YVONNE DAYAN

El Poder para Reinventar Tu Vida: 7 Pasos para Potenciar Tu Pasión, Propósito y Éxito!

Por Yvonne Dayan

© Copyright 2019, Yvonne Dayan y Aledi Publishing Group. Todos los Derechos Reservados

Publicado 2019 por Aledi Publishing Group, www.AlediPublishing.com

ISBN 978-0-9771445-5-6 (Hardback)

ISBN 978-0-9771445-3-2 (Paperback)

ISBN 978-0-9771445-4-9 (Ebook)

1. Motivacional e Inspiración, 2. Crecimiento Éxito, 3. Crecimiento Personal/ Felicidad

1 3 5 7 9 10 8 6 4 2

Diseño interior por Julia McMinn Evans

Vectores de Social Media Logo creados por alicia_mb, www.freepik.com

Para más información sobre ediciones personalizadas, conferencias, eventos y seminarios y otros descuentos corporativos, por favor contáctenos, en info@innerforte.com

DEDICATORIA

A ti, querido lector, que este libro te motive a transformar tu vida ¡para que seas tu mejor versión, tengas lo mejor, y des lo mejor de ti siempre!

A mi madre, el mejor modelo de reinvención, quien con su ejemplo ha inspirado, no solo a mí, sino a todos los afortunados que la conocen: a creer, a atreverse, a vivir en las posibilidades, siempre llena de optimismo, comprometida a amar abundantemente, y a dar desde el corazón. Quién nunca me deja permanecer igual, y me ha desafiado, positivamente, a través de los años, a vivir audazmente, y a realizar mi máximo potencial.

Y especialmente a Mi Creador, ¡que me ama y Reinventa junto con toda la Creación cada día!

ÍNDICE

PREFACIO
Los Premios de la Reinvención

En cualquier esfuerzo por mejorar tu vida, es importante entender qué estás para ganar y por qué vale el esfuerzo.

En un mundo donde reina el caos, donde terrorismo, violencia, crimen y enfermedades son casi la norma, también existe paralelamente la opción de reinventar nuestra vida de una forma tan positiva y directa que logra influenciar a otros, mediante nuestro propio ejemplo.

No es un mundo sin esperanza, depende de nosotros. Somos seres poderosos, cada uno como una piedrita que al caer en una laguna genera una serie de ondas que modifican la superficie del agua. Con nuestro cambio, nosotros también podemos generar una serie de ondas positivas, que nos permiten impactar nuestro entorno, empoderar a otros para reinventar sus vidas e incluso actuar como agentes de cambio para transformar nuestro mundo. Es que… cuando tú cambias el mundo alrededor también cambia.

Con esto en mente, te presento **5 poderosos beneficios** que disfrutarás cuando reinventes tu vida exitosamente:

1. La Reinvención revela tu potencial

Tomar este camino trae consigo la promesa de realizarnos, soltar el pasado y alcanzar nuestro máximo potencial. Te encontrarás en el umbral de frescas y emocionantes opciones, abriendo tu mente a nuevas posibilidades que no podrías haber concebido antes, posibilidades centradas en nuevos descubrimientos y logros que reflejen tus propios talentos y sueños más preciados.

2. La Reinvención te da poder

Cuando te atreves a salir de tu capullo como una mariposa, tomas nuevas alas para volar, que te elevan y transforman tu vida. Te sientes empoderado de una manera que nunca imaginaste. Ese poder energiza tus días y les da su propósito.

3. La Reinvención te impulsa a perseguir tu Pasión.

¿Alguna vez te has sentido como si estuvieras sonámbulo? ¿Cómo caminando dormido por la vida? Una vez persigas tu pasión saldrás del adormecimiento, pues, entras en contacto con tus más profundos deseos y propósitos los cuales te exigen la toma de nuevas decisiones y te llevan a establecer metas que te apasionan, en lugar de derrochar la vida persiguiendo cosas que no tienen ninguna relevancia.

4. La Reinvención recarga tu "entusiasmo por la vida"

Estar en contacto con esas cosas que te apasionan te recargará, inevitablemente, un entusiasmo renovado para vivir y buscar la verdadera satisfacción profesional, personal y espiritual. Ya no estarás atrapado por emociones negativas, en su lugar, estarás sumido en encontrar maneras para hacer que cosas mágicas sucedan en tu vida. Con un nuevo amor por la vida, aprendes a valorarte, apreciarte y a amarte por ser quién eres.

5. La Reinvención activa tu *Inner Forte*™

Tu *Inner Forte*™ es tu "fuerza interna", la más poderosa que poseemos, y que continuamente debemos descubrir y desarrollar ya que allí reside nuestro genio y brillantez. Esa fuerza como el flujo de aguas vivas, es la que nos nutre, nos sostiene y anima a dar el salto de FE, elemento esencial para la reinvención.

Alineándote con tu fuerza interior, te pones en contacto con tu "Yo Auténtico", también conocido como "Yo Real", esa parte de ti que es genuina, valiente, segura y que se deleita derritiendo tus miedos y permitiéndote así, alcanzar tu grandeza y una profunda satisfacción que dura toda la vida.

Reinventarte es una obra en marcha. Significa hacer cambios importantes, que requieren esfuerzo y compromiso que finalmente conducirán a tu felicidad. En este libro, encontrarás un sistema que te llevará, paso a paso, a crear una reinvención significativa para ti... ¡y a descubrir una vida más auténtica y plena!

INTRODUCCIÓN

"¡Tú eres la estrella en la historia de tu vida… Digna de dedicarle lo mejor de ti!"

Yvonne Dayan

Tú eres fuerte, poderoso, inteligente y capaz de hacer cualquier cosa que te propongas. ¡Naciste para ser feliz, para triunfar y para prosperar!

Sé que no siempre se siente así. Cuando la vida toma un giro inesperado, todo puede parecer confuso y desalentador. Durante el ajetreo y el bullicio de la vida cotidiana, es posible que estés abarcando demasiado, eclipsado por otros que tienen demasiado poder sobre tus decisiones, gastando tu tiempo y energía en cosas que importan poco, y sintiendo que tu fuego interno está disminuyendo y tu pasión está decayendo. Esto cobra su precio y fácilmente puedes encontrar que estás olvidando quién eres realmente y las poderosas cosas que eres capaz de hacer.

Como verás en este libro, estas temporadas de confusión y sufrimiento, cuando nos sentimos atrapados o sin rumbo, son a menudo oportunidades disfrazadas, momentos decisivos en los que puedes empezar de nuevo, elegir un nuevo camino o volver a reconectarte con aquellos sueños que habías abandonado y ahora claman para ser rescatados. Estos momentos de despertar pueden ocurrir después de haber sufrido algún tipo de pérdida traumática o haber llegado a una encrucijada en tu vida donde debes tomar una decisión importante. La mayoría de las historias exitosas de reinvención, sean de una empresa o de la vida personal, ocurren durante tiempos difíciles, impredecibles y desafiantes.

Paradójicamente, son también éstos, los tiempos propicios en los que tienes el poder de comenzar a crear una mejor versión de ti, y remodelar tus sueños hacia un futuro y un destino que te ha estado esperando para que lo realices, tanto para tu bien como para el del mundo que te rodea.

Cada uno de nosotros tiene el poder de tomar los aspectos de nuestra vida que nos obstaculizan y no nos dejan avanzar, y en lugar de eso, rediseñarlos. El momento en que reconocemos que tenemos esa fuerza interior o *Inner Forte*™ para crear nuestro entorno, y aprendemos a usarlo correctamente, entonces se hace posible realmente esa reinvención de nuestra propia vida, nuestra percepción se amplía y elegimos que sea la alegría, y no el miedo, la emoción que nos guía hacia adelante.

Sé esto de primera mano, porque he reinventado mi vida y mi carrera varias veces durante esta vida. Este libro es el resultado de esas experiencias y el conocimiento alcanzado en mi propia travesía, junto con las vivencias y resultados de mis maravillosos estudiantes y clientes.

Mi primera reinvención, la cual fue necesaria después de mi divorcio, fue la más dolorosa y quizás la más crucial. Estaba como en una espiral descendente que se sentía interminable, lo había perdido todo, incluyendo mi estatus social y lo que sentía que era mi lugar en el mundo. Esto, a su vez, me hizo sentir impotente, paralizada para hacer cualquier cosa, tener cualquier cosa e incluso ser alguna cosa -mi pasión y mi sentido de identidad parecían haberse desvanecido junto con cualquier esperanza de mejora. Estaba escasa de dinero, baja en autoconfianza, pero alta en incertidumbre y miedo, en especial sobre el futuro de mi familia. Yo sabía que necesitaba algún tipo de cambio radical, porque casi todo lo que había hecho hasta ese punto, obviamente no me había funcionado.

El momento decisivo en mi búsqueda de reinvención y autorrealización llegó cuando finalmente me permití cuestionar ciertas creencias que eran una parte intrínseca de la cultura en la que había crecido. Cuando comencé a redefinir mi papel en el mundo, de acuerdo con lo que yo creía, también pude redefinir lo que el éxito significaba para mí - tanto en un sentido personal, como profesional y espiritual. Salir de mi pasada "caja" mental fue el primer paso y el más importante para lograr la reinvención, que me llevó en dirección a la felicidad, la aceptación, la satisfacción y el verdadero éxito en la vida.

Reavivando tu fuego interior

Tal vez estás en una posición similar a la que yo estuve. Tal vez estás buscando un gran cambio radical de vida. Por otra parte, tal vez no estás buscando un cambio masivo –sino que tienes algunas áreas específicas que sientes que necesitas mejorar en esta etapa de tu vida.

Sea cual sea tu situación, estos 7 pasos de Reinvención que estaré revelando en este libro, te ayudarán con tus metas, ya que cada paso tiene como base una Ley Universal que funciona en armonía con El Universo. Estos son los mismos pasos y principios que utilicé para lograr y fortalecer no solo mi éxito personal y profesional, sino también el de decenas de miles de personas que he entrenado y guiado con alegría a lo largo de los años, tanto individualmente como en grupos.

Las estrategias que complementan cada uno de estos 7 pasos están explicadas brevemente en este libro (por razones de espacio), más en mi curso en línea "El Poder para Reinventar Tu Vida Curso-en-Línea™ - 21 Llaves para Impulsar tu Pasión, Propósito y Éxito" me extiendo y profundizo más en estos pasos, y revelo 21 llaves para acelerar nuestro éxito y transformación personal. Para más información, será un placer que nos visites, http://reinventcourse.innerforte.com

Todas estas herramientas están basadas en mis investigaciones y experiencias propias ayudando a otros a vivir con la pasión y satisfacción que todos anhelamos y merecemos. Quizás la lección más importante que he aprendido con los años en esta misión es que cuando servimos a una causa más grande que nosotros mismos es allí donde trabajamos con más entusiasmo y sentimos la mayor pasión por la vida. Sentí esa magia mientras diseñaba estas estrategias, porque lo que me impulsa, más que cualquier otra cosa, a crear y seguir adelante, es mi propósito de ayudar a otros a reconectarse con sí mismos y realizar su gran propósito de vida.

El cambio nunca se detiene

Sé que la vida nos exige cambio constante, y la reinvención es precisamente el vehículo que utiliza la vida para aumentar nuestra paz, sabiduría, pasión, humildad e impulso para lograr nuestras metas y acercarnos a nuestra perfección. Nuestra parte es esforzarnos por convertirnos en la mejor versión de quien podemos llegar a ser. Para lograrlo, necesitamos enfocarnos en lo que queremos y atrevernos a tomar acción. Este libro está diseñado para ayudarte a hacer todo esto y más, para que puedas lograr tus nuevas metas de reinvención, con alegría y fluidez.

Los 7 pasos y sus estrategias están diseñados para que puedas avanzar progresivamente a través de tu propia travesía de transformación. En cada paso encontrarás frases inspiradoras, opciones estimulantes y retadoras, además de oportunidades para recargar y rejuvenecer tu espíritu. Si tu deseo es dar el salto hacia una vida más significativa y feliz, o si lo que quieres es trascender traumas y percances del pasado y disfrutar así de un nuevo nivel de pasión y éxito, aquí encontrarás las estrategias que te permitirán realizar todo eso.

También encontrarás que cuando las pérdidas, decepciones y

desafíos hagan que te sientas menos que el ideal a que aspiras ser, la posibilidad de retomar tu poder y confianza para avanzar hacia la reinvención está siempre a tu disposición. A medida que avanzas, te hallarás descubriendo fortalezas y talentos que yacen dormidos en tu interior, y abriendo nuevas posibilidades para realizar los sueños de tu Yo Auténtico. Este libro también te ayudará a obtener un sentido de propósito más profundo, necesario para prosperar verdaderamente en cada área de tu vida, e incluso convertirte en un faro de luz para aquellos que están enfrentando sus propias batallas.

Si miras a tu alrededor, notarás que, en nuestro mundo cambiante, la reinvención es una constante. Desde la corporación multinacional más grande hasta el más pequeño negocio de mamá y papá, la innovación tiene que ser continua para su supervivencia.

Los modelos de automóviles son actualizados y mejorados anualmente y la tecnología nos trae siempre nuevos y sensacionales avances a velocidades que ni nos permiten ponernos al día. Incluso la comida que comemos está siempre cambiando, puesto que los chefs encuentran nuevas formas sorprendentes de crear platos que nunca hemos visto (¡o probado!) antes.

Tal como el cambio es una constante a nuestro alrededor debe serlo también en nuestro interior. ¡Mediante este proceso de reinvención, podemos crear una mejor versión de quiénes somos y disfrutar de una increíble pasión y placer a lo largo del camino! Cada una de nuestras "mejoras" superará las versiones anteriores de nosotros mismos, hasta llegar al punto donde podamos prosperar abundantemente, amar más plenamente y sanar las heridas del pasado de una vez por todas. ¡Esta ha sido mi experiencia de reinvención y es una experiencia que quisiera invitarte a que tú también la saborees y disfrutes a plenitud!

¿Estás listo para reinventarte?

Me llevó tiempo desarrollar los conceptos aquí escritos (algunos de ellos llegaron, lo admito, dolorosamente lentos, otros con la velocidad de un rayo), pero una vez que traduje mis destellos de inspiración en estos 7 pasos que estás a punto de leer, *todo* quedó claro, como si las piezas de un rompecabezas encajaran en su lugar, y ahora tengo la dicha de compartir este mapa de reinvención contigo, y con el resto del mundo.

Realmente te recomiendo que no solo leas este libro, sino que tomes el tiempo para reflexionar sobre cada uno de los 7 pasos y sus correspondientes estrategias hasta que las *asimiles* y les *extraigas* su alquimia al ponerlas en acción en tu vida diaria.

Para mejores resultados, primero lee el libro completo. Una vez leído comienza a practicar cada paso con sus estrategias. Luego, para mantener tu energía alta y positiva, elije una o más estrategias de tu preferencia para usar diariamente o según sea necesario y practícala hasta que tengas el dominio de ella. Continúa explorando y jugando con la variedad de formas en que puedes aplicarlas a tu vida personal y al emprendimiento de negocios.

Así que, prepárate para que emprendamos juntos el viaje por estos 7 aventureros pasos, que te empoderarán para:

1. Ejercer tu Poder de Elección
2. Crear tu Visión fascinante
3. Impulsar tu Mente hacia el Éxito
4. Confiar en ti mismo (¡tienes lo necesario!)
5. Desarrollar el Valor para liberarte de los obstáculos
6. Ser Creativo al explorar nuevas pasiones
7. Mantener tu Compromiso

Es hora de reconectarte con tu propósito una vez más, de apasionarte por la vida y por las nuevas metas que emprenderás en tu futuro. Es tiempo de acceder a tu grandeza, y vivir desde Tu fuerza interior, esa energía ilimitada que llamamos tu *Inner Forte*™, que yace en el centro de tu ser, capaz de lograr mucho, mucho más de lo que creíste posible.

Es la hora de brillar con tu luz más radiante, mientras resaltas tu mejor versión y todo esto sucede en el trayecto de reinventar tu vida.

Más allá de ser una traducción literal del inglés, esta es una versión que nace de las solicitudes de mis lectores de habla hispana. Razón por la cual hice ligeros cambios y adaptaciones que faciliten una mayor comprensión y conexión con su contenido.

Este libro está cargado de alta energía positiva, la cual he reforzado con citas, todas de mi inspiración y basadas en mis experiencias, las cuales aparecen enmarcadas a lo largo de esta obra. Te recomiendo mantenerlo al lado de tu cama o sobre tu escritorio en la oficina para llenarte de energía de manera instantánea.

Como un bono para mis queridos lectores este libro lo puedes usar también como una Guía, cuando necesites la respuesta a una situación en particular, solo hazte una pregunta, abre el libro en cualquier página, y ¡obtendrás una respuesta que te ayudará!

¡Disfrútenlo!
Yvonne Dayan

CAPÍTULO 1

Ejercer tu Poder de Elección

"El Primer Paso para Reinventarnos es Saber que la Elección es
un Poder Transformador"

Yvonne Dayan

Cada vez que enfrentes un gran reto en tu vida, tienes **tres opciones**: Puedes (1) dejar que te defina, (2) dejar que te destruya o... (3) permitir que te inspire a tomar la siguiente decisión correcta para fortalecer y *Reinventar tu vida*.

Todos tenemos el Poder de Elección para hacer cambios positivos en nuestras vidas.

Reinventarnos requiere, más que cualquier otra cosa, tomar las decisiones correctas para tu crecimiento. Decisiones positivas que te motiven a mejorar tu vida y tu entorno. Esas decisiones tienen que ser personales y no para complacer a otros o quedar bien, pues, como lo dictaminan las Leyes Universales, a medida que *tú* cambias, inevitablemente, el mundo que te rodea también cambia. Esta idea nos empodera y nos funciona tan bien, porque mientras muchos se desgastan tratando de cambiar a otras personas y situaciones, sin obtener resultado alguno, cuando dirigimos nuestros esfuerzos, primordialmente, a cambiar algo en nuestro interior, es así como nos garantizamos una victoria segura. Al elegir esta forma de pensar el mundo de la paz, armonía, confianza, prosperidad, amor, longevidad, salud y bienestar ahora se hacen disponibles para ti.

Cuando tomas tus propias decisiones, eres dueño de los resultados. Ni se culpa a nadie, ni se desarrolla la debilitante mentalidad de víctima, que implica que no tenemos poder sobre la dirección de nuestro destino. Por el contrario, al ejercer el Poder de Elección, entenderás más fácilmente los resultados que obtienes, ya sean favorables o desfavorables, positivos o negativos. Y te empoderarás a tomar nuevas decisiones enriquecedoras para lograr lo que quieras. Con este poder en tus manos, siempre podrás *tener expectativas positivas* y con ello decir ¡espero lo mejor!

Tu reinvención depende de tu capacidad para aceptar los resultados de tus elecciones con gratitud y apertura, recordando que lo que a veces parece ser algo negativo, porque al momento lo sentimos difícil, la mayoría de las veces termina siendo una maravillosa oportunidad que llega... disfrazada. En otras palabras, recuerda siempre esta simple filosofía: *todo obra por bien y... ¡lo que sucede conviene!*

A lo largo del camino podrán presentarse situaciones inesperadas, personas o circunstancias, que nos obliguen a alterar nuestro rumbo, abrumarnos y hacernos sentir como si no tuviéramos control sobre nuestro propio futuro. Perdemos confianza en nuestro juicio y capacidades, abandonamos nuestros sueños y, en cambio, volvemos a hacer lo que es "seguro". O, peor aún, permitimos que otros determinen nuestro destino.

Cuando eso sucede, es primero, porque hemos perdido la

confianza en nuestra capacidad para tomar las decisiones correctas, y segundo, porque hemos olvidado que existen otras alternativas y que no es el "fin".

La realidad es que hay mucho que sí podemos cambiar y siempre existe una próxima opción disponible. El saber esto nos debe dar la confianza para tomar decisiones difíciles, así como asumir la responsabilidad de estas.

Todo el tiempo estamos tomando decisiones, que van definiendo nuestra vida, aunque no nos demos cuenta. Es especialmente empoderante concientizarnos de cuáles elecciones están a nuestro alcance y qué cosas sí podemos cambiar. Con este propósito te presento los siguientes ejemplos:

- La elección de a dónde diriges tu atención… es tuya,
- La elección de cambiar y crecer… es tuya,
- La elección de ser feliz… es tuya,
- La elección de establecer nuevas metas… es tuya,
- La elección de comer bien y cuidar tu salud… es tuya,
- La elección de hacer ejercicios y amar a tu cuerpo… es tuya,
- La elección de perdonar y sanar… es tuya,
- La elección de ser exitoso, y prosperar sin importar lo que las apariencias externas dictan…es tuya,
- La elección de odiar o amar… es tuya,
- La elección de ver el vaso medio lleno o medio vacío… es tuya,
- La elección de convertirte en tu mejor versión… es tuya,
- La elección de escuchar y confiar en Tu Fuente Ilimitada… es tuya,
- La elección de actuar en piloto automático o decidir con conciencia… es tuya,
- La elección de esperar lo peor o creer que ¡lo mejor está por llegar! … siempre es tuya.

Entonces, ¿qué son realmente las Elecciones?

¡Las elecciones son oportunidades ilimitadas, las cuales están disponibles para nosotros todo el tiempo! Mantienen nuestra atención activa, dirigida hacia las cosas que queremos desarrollar, y así progresivamente tienen la fuerza de movernos al próximo nivel. Al final, el resultado de nuestra vida está definido por las decisiones que hayamos tomado.

Sí, este poder de elección reside en nuestro interior, y ejercerlo positivamente es el primer paso para hacer los cambios que traerán la felicidad y el éxito que merecemos. Cuando esperamos lo mejor y afirmamos lo mejor, también atraemos los mejores resultados.

Para empezar a usar este poder y cosechar las recompensas, comienza afirmando estas frases positivas sobre la reinvención, y comenzarás a notar que sorprendentes oportunidades de todo tipo se te acercan. *Elegir* pensamientos y palabras positivas para declarar algo que deseas, abre oportunidades ilimitadas, eleva tu estado de ánimo al instante y te prepara para el éxito. Así que adelante, declara tus afirmaciones con pasión y poder ¡Ahora!

- ¡Creo en mí y en mi poder de reinventarme y renovarme cada día!
- ¡Tomo decisiones positivas y saludables que me producen excelentes resultados y me encanta!
- ¡Elijo hablar solo de salud, riqueza y felicidad y veo eso reflejado en mi vida y en la vida de los demás!
- ¡Todo lo que toco es un éxito - mi reinvención es un éxito total, me siento sano, feliz y exitoso!

DETERMINA TU DIRECCIÓN

Las elecciones que hacemos nos permiten seleccionar qué dirección queremos que tome nuestra vida: El *qué*, el *por qué* y el *cómo*. Y esa capacidad de romper barreras y de mejorar la calidad de nuestras vidas es el regalo más increíble que recibimos de La Fuerza del Universo.

Este es el regalo conocido como el *libre albedrío*, para mejorar nuestras vidas o destruirlas. El libre albedrío es nuestro poder de elegir no solo las pequeñas acciones del día a día, como levantarnos en la mañana, llevar los hijos al colegio, sino también elegir el curso de acción para realizar nuestro destino. ¡Es un desperdicio no usar ese regalo al máximo!

Para comenzar a poner en práctica el Poder de Elección en tu vida, tómate un tiempo para considerar estas tres importantes preguntas y respóndelas honestamente para reflejar dónde te encuentras en tu vida:

1. **¿Diriges el curso de tu vida?**

2. **¿Eres actualmente la mejor versión de ti mismo?**

3. **¿Estás dónde quieres estar?**

Si respondiste "no" a cualquiera de las preguntas anteriores, entonces *ahora* es el momento para que comiences tu propio proceso de reinvención personal y de comprender que tú *puedes* transformar tu vida, o cualquier parte de ella, y convertirte en la mejor, más auténtica, y completa versión de ti mismo.

Lo he visto suceder, por experiencia propia, al asesorar y ayudar a otras personas de todo el mundo a lograr su reinvención de vida y carrera. Siempre siento una profunda humildad y alegría al verles transformar sus batallas y limitaciones, en vidas exitosas y llenas de propósito, y que puedan lograr todo esto en lapsos de tiempo relativamente cortos. Estas son personas adultas que vienen de diversos ámbitos de la vida, diferentes edades, idiomas, sistemas de creencias y de todos los niveles de la sociedad. Van desde altos ejecutivos y empresarios hasta personas debilitadas buscando superar enfermedades y adicción; desde aquellos que están emocionalmente preocupados tratando de superar relaciones y rupturas traumáticas hasta solteros que buscan sus almas gemelas; desde líderes empresariales que buscan alcanzar su siguiente nivel de éxito financiero hasta artistas que buscan una fuente de inspiración más profunda para su trabajo creativo.

Son personas muy diferentes, con algo en común, han *elegido* crecer, amar y disfrutar del mismo resultado maravilloso: una reinvención muy necesaria que trae consigo importantes recompensas físicas, espirituales y financieras.

> "Son nuestras elecciones, y no nuestras circunstancias, suerte o relaciones, las que definen el curso y la calidad de nuestras vidas, así como nuestro éxito y satisfacción"

TOMANDO DECISIONES POSITIVAS
El Secreto Detrás del Éxito Personal

El poder para reinventar nuestras vidas está disponible para todos al momento en que tomamos una nueva decisión.

La mayoría de las personas no se percatan de la fuerza que reside en el Poder de Elección. Demasiados creen que es al revés, que siempre estamos a merced de fuerzas externas.

Esto no quiere decir que nuestro entorno no nos influencia; a veces, necesitamos evaluar nuestras elecciones, dadas las circunstancias que se nos presentan, y cambiar el rumbo de nuestra dirección.

Es recomendable alterar nuestras elecciones y cambiar de rumbo cuando podemos prever un resultado negativo, y por el otro lado, apegarnos a nuestras elecciones cuando sabemos que el resultado será exitoso y positivo para nosotros y para quienes nos rodean.

Por ejemplo, puede que hayas tenido alguna vez algo similar a esto que nos ocurrió a nosotros. Teníamos boletos para volar a Orlando, un famoso destino turístico, cuando nos enteramos de la noticia de un huracán gigantesco que se acercaba. Inevitablemente, cambiamos de dirección, y terminamos tomando un vuelo a Costa Rica. Un día antes, no podríamos haber anticipado esto. La vida nos lanza curvas todo el tiempo. ¿Alguna vez has cambiado tus planes debido a circunstancias que no pudiste controlar? Todos hemos tenido esa experiencia de una forma u otra. En esos momentos, hay que ser flexible, tomar la mejor opción disponible y modificar planes según sea necesario.

Aun así, ten en cuenta que el poder de elección está siempre funcionando, y siempre estás tomando decisiones... incluso, si a veces pueden verse alteradas por circunstancias fuera de tu control.

Después de todo, las circunstancias de la vida no son perfectas, ni nosotros lo somos, tampoco se nos pide que seamos perfectos. Esta imperfección, más bien, es parte del plan maestro porque le transmite un nuevo significado a nuestras vidas, incluso si trae *dolor* con ella. Y si alguna vez te has preguntando...

¿POR QUÉ EXPERIMENTAMOS DOLOR?

Aunque el placer, la naturaleza, la alegría, la aventura y el amor son algunos de mis maestros favoritos, he aprendido que el *dolor es el mayor catalizador para nuestro crecimiento y transformación.*

Muchas personas obtienen sus mayores aperturas y toman decisiones transformadoras a través de experiencias dolorosas, en lugar de tomarlas en momentos de placer.

Los desafíos que enfrentas siempre terminarán fortaleciéndote, haciéndote crecer en lugar de derrotarte.

Para mí, uno de los primeros y más significativos ejemplos de cómo el dolor desencadena el crecimiento personal, llegó años atrás cuando estaba por obtener mi maestría en Psicoterapia. Durante ese tiempo, trabajé como interna en una institución para el tratamiento de adicciones, allí vi por mí misma que era el dolor de tocar fondo lo que a menudo motivaba a los adictos a finalmente liberarse de sus hábitos autodestructivos, y comenzar a construir una mejor vida, para ellos mismos y para sus familias.

Estas eran personas que destruyeron sus carreras, sus relaciones personales y sus finanzas. No les quedaba nada, y no tenían nadie a quien culpar, excepto ellos mismos. Eso a su vez los influenció para finalmente decir: "Ayúdame", la palabra mágica necesaria para comenzar su recuperación y transformar sus vidas.

Eso es lo que sucedió con los adictos que observé. Su dolor es lo que finalmente logró despertarles la conciencia de que tenían que cambiar sus opciones de vida y romper sus hábitos, si querían volver a vivir. Ellos entendieron que tenían que elegir entre quedarse donde estaban o apuntar hacia un *"Propósito"* superior.

¿Qué quiero decir con eso?

Todos, de alguna u otra forma, somos adictos a algo aun sin darnos cuenta. Y la razón por la que algunos adictos hacen lo que hacen es bastante básica: todo está orientado a obtener más de su droga de elección y eso los mantiene donde están. Sin embargo, cuando un adicto sale de ese círculo vicioso y se libera de su hábito adictivo, se ve obligado a confrontar quién es en realidad y qué quiere verdaderamente de la vida. En este contexto, el dolor deja de ser un mal y se convierte en un conductor para el cambio.

> "El dolor no es el enemigo; es una fuerza motivadora para el cambio"

Como dice el refrán: El dolor nos sucede a todos y todos tenemos que enfrentarlo, pero el sufrimiento, es opcional.

Visto de esta manera, el dolor es una señal que nos indica que un determinado cambio es necesario para que ocurra una mejoría y una transformación significativa, que permita avanzar y no quedarse estancado en el pasado. El dolor tiene múltiples propósitos. Puede utilizarse para provocar el cambio en uno mismo, puede servir para mover a otros a la acción, puede ser útil para relacionarnos e identificarnos con otros, compartir nuestras propias experiencias de dolor, esperanza y victoria con otros que sufren, dejándoles ver que hay una razón para su dolor, que no es sin sentido porque… ninguna experiencia dolorosa sucede en vano.

Cuando nuestra experiencia de dolor no sólo nos ayudó a nosotros, sino que también sirvió para ayudar a otros, el dolor cumplió su misión.

El mundo está lleno de personas que surgieron y marcaron la mayor diferencia después de haber sido sacudidas por una experiencia personal dolorosa. Piensa en alguien a quien admiras; en los obstáculos que tuvo que superar, y yo habré probado mi punto. El dolor te lleva a elegir entre seguir en él, cambiar el rumbo, o dejarlo ir y perdonar de una vez por todas. Te hace indagar sobre tu propósito. En definitiva, te hace pensar… acerca de tu "por qué".

COMPROBANDO TUS "¿POR QUÉ, QUÉ Y QUIÉN?"

1. **"¿Por qué es importante para mí alcanzar mis metas y reinventar mi vida?"**

2. **"¿Qué nuevas decisiones necesito tomar para que mis metas sean prósperas?"**

3. "¿En quién debo convertirme para lograr lo que quiero en la vida?"

Debido a que estas preguntas son profundas y perspicaces, al formulártelas, sus respuestas siempre te guiarán a tomar las mejores decisiones, aquellas que te dirigen a realizar tu propósito con la mayor pasión y satisfacción.

Luego de descubrir tu propósito, deja que ese "gran por qué" sea el que impulse tus decisiones y tu vida. Este es un gran secreto para mantener la energía alta, e impulsarnos a seguir adelante. Cuando la pasión y el propósito te guían, el tiempo se transforma y ya *¡no cuentas cada hora del día; sino que, cada hora del día cuenta!*

ELIGIENDO METAS SIGNIFICATIVAS

Si elegimos trabajar para un propósito mayor, una causa, una misión más grande que nosotros mismos, tendemos a lograr más. Con un propósito más significativo, nuestra inspiración crece, la conciencia trasciende límites autoimpuestos, y nos empoderamos para rediseñar un maravilloso, nuevo mundo para nosotros y los que nos rodean, donde nuestras cualidades dormidas vuelven a despertar. Más aun, al alinear tu vida, lo que haces, piensas, y deseas lograr, con su por qué, es allí donde descubres una verdad transformadora, que: *"eres mucho más de lo que crees que eres".*

Por tanto, comienza ahora, elige metas y actividades significativas que te mantengan apasionado por la vida. *Añadirle pasión es como ponerle color a tu vida.* Busca una carrera, un pasatiempo, una afición o un trabajo voluntario que te entusiasme, te dé alegría y un sentido de propósito.

Recuerda que al responder a las preguntas anteriores ellas siempre te guiarán hacia tu siguiente nivel de propósito y significado.

¡Con propósito, puedes usar el regalo de elección al máximo!

Para acceder a *El Poder para Reinventar tu Vida,* o cualquier aspecto de ella, es primordial determinar: ¿quién eres realmente?, ¿por qué estás aquí?, ¿qué quieres en la vida? y ¿quién quieres ser?

Llegar a ese tipo de decisión en tu vida tomará tiempo, así como una cuidadosa consideración. Implicará autoconciencia, exploración, introspección, y deberás establecer tus prioridades y determinar las áreas específicas de tu vida actual que requieren una renovación completa.

A través de ese proceso, también puedes alcanzar lo que necesitas para avanzar. Cuando eso sucede, todo en tu vida parecerá encajar mágicamente en su lugar. Tú podrás ver, quizás por primera vez, lo que puedes hacer a pesar de tus circunstancias, y lo que necesitas cambiar para disfrutar plenamente de la vida que deseas tener.

"¡Las Elecciones que hagamos serán… o no, el punto de inflexión en nuestra vida de logros personales!"

ALEXA Y SUS ELECCIONES GANADORAS
(Caso de estudio 1)

Para comprender cuán importantes resultan nuestras elecciones para identificar soluciones a nuestros dilemas y situaciones, me gustaría compartir la historia de Alexa, una de las participantes de mi seminario.

Alexa vivía para los demás, más de lo que lo hacía para ella misma. A lo largo de su vida adulta, no se centró en su carrera. Al contrario, sus esfuerzos se destinaron a mantener una serie de relaciones tóxicas, que no le dieron felicidad y casi todas terminaron mal o rotas. Parte del problema era que ella no se desarrolló a sí misma. En lugar de eso, se consumía por quedar bien con todos, satisfacer los deseos de los demás, solo para quedar bien y asegurarse que otros tuvieran la mejor impresión de ella, mientras ella, permanecía estancada en el mismo lugar, año tras año.

Cuando conocí a Alexa, ella tenía poco más de cuarenta años, y llevaba una vida definida por quién estaba en su vida en ese momento. Mientras sus propias necesidades, fortalezas y aptitudes estaban relegadas a último plano. Ninguna de sus actividades la llenaban, nada era un reflejo real de lo que era importante para ella, pues ella desconocía sus prioridades y lo que le importaba. Lo que sí sabía finalmente, era que sentía el dolor de desperdiciar todos esos años en los sueños de otras personas y no en los suyos.

Alexa carecía de la claridad para tomar buenas decisiones de vida. Así que le pregunté: ¿Qué valoras en la vida? ¿Qué cosas te hacen feliz? ¿Qué cosas te están faltando ahora? ¿Qué crees que llenaría ese vacío en tu interior? ¿Qué quisieras tener en tu vida?" Con estas preguntas en mente, la ayudé a adquirir claridad y a identificar lo que le importaba, lo que realmente anhelaba de su vida, y a elaborar su plan de reinvención.

Descubrió en el proceso, que lo que ella deseaba más que cualquier otra cosa en esta etapa de su vida, era experimentar una relación de amor incondicional y tener una carrera más significativa donde pudiera hacer la diferencia, las mismas cosas que la mayoría de nosotros queremos. Pero era la primera vez que Alexa se sentía cómoda admitiendo sus metas.

Con este conocimiento reanudó su fe en sí misma, se percató de que sí era capaz de tomar decisiones positivas y acceder a su propio poder para reinventar su vida.

Este fue el comienzo de su éxito. Ella cambió su forma de entablar relaciones. Se permitió explorar otras carreras y oportunidades laborales de una manera que nunca había hecho antes. Con nueva confianza en sí misma y renovado entusiasmo, se abrió a las diversas posibilidades disponibles a ella, y empezó a descubrir mucho más sobre quién era, cómo amarse a sí misma, lo que a su vez la empoderó para tomar decisiones ventajosas a fin de mejorar su vida.

Seis meses más tarde, después de hacer todos estos cambios en sí misma, Alexa conoció un hombre, como ella lo describe: "maravilloso, cariñoso y generoso". Poco después, encontró un trabajo nuevo y mucho más satisfactorio, en la sección de admisiones de una destacada Universidad donde Alexa tiene la oportunidad de ayudar, dirigir y alentar a los estudiantes, durante sus periodos de transición a sus próximos niveles de educación.

Estas cosas solo sucedieron porque ella estuvo dispuesta a reinventarse siguiendo los pasos y estrategias planteados aquí. Siguiendo esta metodología ella pudo tomar acción y dar los pasos necesarios por primera vez en su vida, los cuales le permitieron ir tras sus propios sueños, a la vez que soltar el "qué dirán". Romper con patrones pasados le encendió su pasión, motivándola a perseguir esas desafiantes metas que transformarían su vida futura.

EL FUTURO ES TUYO

La historia de Alexa nos deja una enseñanza invaluable al señalarnos que:

Cada elección positiva que realices sobrepasa una elección negativa, cada victoria derrota un fracaso, cada presente vivido actualiza un pasado, y conduce a un nuevo patrón de Reinvención.

Era la primera vez que Alexa escuchaba que estaba bien anteponer su bienestar al de los demás. Ver su cambio espectacular, fue como la primera vez que alguien comienza a saltar en un trampolín... cada vez rebota más y más alto. Pude ver el salto cuántico que dio en su propia vida, y cómo salió de su capullo, sabiendo que por primera vez se adueñó de su futuro, se sentía digna, honorable y con el control de tomar las decisiones positivas que mejoraron su vida drásticamente. ¡El pasado ya pasó, pero el futuro siempre es nuestro!

NUNCA ES DEMASIADO TARDE

Tomar las decisiones correctas hace posible realizar los sueños de tu vida, aquellos sueños que antes estaban fuera de tu alcance.

Aun así, puede que sientas miedo de tomar esas decisiones. Puede que sientas que las aspiraciones que alguna vez tuviste para tu futuro ahora están fuera de alcance. Puede que incluso hayas pensando en renunciar a ellas.

Sin embargo, lo que no percibes es que nunca es tarde, siempre estás a tiempo, y esas aspiraciones aún se pueden cumplir. Porque la realidad es que: ¡Nunca es demasiado tarde!

EL PASADO NO DEFINE TU FUTURO

"Cada elección que hagas en el presente, unida a la energía que le infundes a tus acciones, momento-a-momento, es lo que continúa definiendo tu futuro (y no el pasado)."

Recalco esto, porque a muchas personas les resulta difícil ir más allá de las decisiones negativas que han tomado en el pasado y viven con remordimiento. Se culpan, una y otra vez, por los fracasos que han tenido, en lugar de concentrarse en el presente y en lo que tienen que hacer para darle un giro a sus vidas.

Si esto es un desafío para ti, o para alguien que conoces, siempre es útil recordar que no estamos solos. También puedes tener presente que:

Cada error es una lección de aprendizaje. Con la experiencia que adquiriste en el pasado, ahora te encuentras mejor equipado para usar tu Poder de decisión para definir metas futuras. De la misma manera, las lecciones que aprendemos del pasado nos ayudan a discernir exactamente qué no queremos, y qué tipo de resultados deseamos alcanzar a través de la reinvención. Adicionalmente, las lecciones del pasado nos dejan mejor equipados para ayudar a otros a reconocer las suyas.

Los errores y las elecciones negativas a veces dejan huellas, afectándonos, pero otras personas se han perdonado y se han sentido libres y victoriosas. Si ellas pueden hacerlo, tú también puedes. Si así lo eliges, hazlo ahora: *elige* perdonarte y libérate de cualquier malestar por algún error cometido en el pasado. Esto lo puedes hacer ahora, declarando con fuerza la siguiente frase:

"Me perdono por cualquier error del pasado, y ahora me declaro libre y victorioso".

Sobre todo… cuando el pasado ya ocurrió y cuando se trata de reinventar nuestras vidas

Dejando ir los patrones viejos y comportamientos dañinos que nos han limitado, la transformación ahora es posible y el futuro puede verse a través de un nuevo prisma.

Es preciso entender que este cambio de percepción requiere, de cada uno, que seamos honestos, transparentes y auténticos con nosotros mismos, dispuestos a soltar el pasado, aunque nos saque de nuestra zona de confort.

Así, con una vista general, panorámica y clara de dónde

estamos y hacia dónde nos dirigimos, se puede ejercer el Poder de Elección de una manera significativa e impactante.

Un ejemplo inusual de cómo soltar un pasado limitante y reinventar un futuro exitoso, que cosechó enormes recompensas, es el siguiente: ¡Y se trata de una revista, no de una persona!

Como amante de la naturaleza, una de mis revistas favoritas siempre ha sido *National Geographic*. En los últimos años, es sabido que, las publicaciones impresas han enfrentado tiempos difíciles debido a que este tipo de contenido está disponible en Internet sin costo alguno, y naturalmente, *National Geographic* no fue la excepción.

> "El pasado ya ha sido creado, pero el futuro es como un lienzo en blanco, desplegado para crear algo nuevo".

A principios de la década del 2000, la compañía empezó a perder dinero. Sin embargo, había tanta plusvalía y buena reputación en su marca, que el CEO John Fahey inteligentemente buscó formas de actualizar su enfoque y sistemas de entrega a través de los medios de comunicación modernos.

Hoy en día, *National Geographic* es mucho más que una revista, ahora es una fuente de entretenimiento e información en TV y en línea (¡y no mencionemos cuán rentable es!). Si Fahey se hubiese aferrado a lo que ya no funcionaba, y había sido en el pasado, hubiera limitando la marca y la publicación se habría sumido lentamente en la bancarrota. Mediante el poder de reinventar la empresa, no obstante, él salvó todo lo bueno, mientras se deshizo de todo lo que la arrastraba a la ruina.

Al igual que Fahey, tú puedes definir claramente cuáles aspectos de tu vida debes mantener, cuáles necesitan reinventarse y cuáles debes soltar o eliminar. De esta manera, tú también puedes tomar el control y crear el glorioso futuro que te espera.

TU POTENCIAL ILIMITADO

A lo largo de mi trayectoria asesorando a otros, he identificado ciertas situaciones esenciales en las que la reinvención se convierte en la llave maestra, para reactivar nuestra pasión, propósito, felicidad, y éxito.

Por ejemplo, en el área de las relaciones personales, he tenido el privilegio de trabajar con parejas que estaban al borde del divorcio. Sin embargo, cuando ambas partes estuvieron dispuestas a reinventar su relación (y, al mismo tiempo, trabajar en su propio desarrollo personal), en casi todos los casos lograron salvar su matrimonio. En nuestro seminario, la reconciliación sucede a veces al instante, mientras que otras veces ha requerido de más tiempo y esfuerzo. Lo interesante es que, en todos los casos, cuando las parejas están dispuestas a trabajar en las áreas que requieren mejoría, los resultados siempre son positivos y van desde una reconexión entre ellos hasta un renacer de la pasión y de la emoción que los unió en el principio.

Por supuesto, las relaciones desbalanceadas, las pérdidas o los cambios no son las únicas situaciones que se benefician de la reinvención. Por ejemplo, tu cuerpo y autoimagen pueden no estar alineados, tu negocio o carrera pueden necesitar un cambio de estrategia para salir del estancamiento. O puede haber un gran conflicto entre tus acciones y sistemas de creencias, en este caso, eso continuamente nos hace sentir inseguros y cuestionarnos. Cualquiera que sea el punto de crisis en que te encuentres, tu potencial para progresar y mejorar es ilimitado cuando te abres a esa gran fuerza interior, o *Inner Forte*™ con que cuentas para reinventar tu Vida.

EL MOVIMIENTO ES PODER

Hay algunas creencias tradicionales que sostienen que con el movimiento se genera energía, la energía fluye y la suerte aumenta. Por ejemplo, si mueves cosas en tu casa, o haces cambios en tu vida en general, se dice que aumenta tu suerte. En otras palabras, con tomar nuevas decisiones, como cuando cambias de casa, comienzas una nueva relación, te mudas a una nueva ciudad, comienzas un nuevo trabajo o incluso cambias tu estado de conciencia a un nuevo punto de vista, estás creando las condiciones para un cambio positivo que activa la suerte.

"Tengo el poder de tomar decisiones positivas"

Esta creencia está basada en el hecho de que cuando cambias algo importante en tu vida, esto te obliga a deshacerte de energías viejas, a barrer los problemas, a salir de tu zona de confort para comenzar un nuevo ciclo de oportunidades, que a su vez te motivan a crecer para adaptarte a tu nueva situación.

Soy básicamente una optimista y si esto proviene de la educación positiva que mis padres me brindaron, o de mi naturaleza innata, yo también creo que esto es cierto: *Hay magia y poder en el movimiento que genera la toma de decisiones*, especialmente cuando esas elecciones están hechas para buscar cambios positivos.

Cada pequeño movimiento que realizas para lograr tus metas crea un avance y todo por pequeño que parezca, cuenta. Solo el 1% de mejoras pequeñas hechas a diario aumentarán tu potencial al 100%. Los japoneses conocen este fenómeno como "kaizen", ese cambio aparentemente insignificante que va sumando y creando resultados sorprendentes cuando se realiza de forma gradual, constante y progresiva.

Cuando las personas siguen haciendo lo mismo una y otra vez, aunque las cosas no funcionen, quedan atrapadas en el mismo lugar, y terminan en una rutina, estancados. Einstein dijo una vez que: locura es hacer lo mismo una y otra vez esperando que los resultados cambien. En otras palabras, "el movimiento,

> "Cuando avanzas poniendo un pie delante del otro y permaneces enfocado en lo que quieres, tu éxito inevitablemente vendrá a encontrarte a ti."

es poder". Al remover las cosas, y hacer algo diferente, se abre para nosotros una perspectiva totalmente distinta. Aprendemos más sobre quiénes somos y esto nos lleva a una profunda sensación de claridad.

Sí, estoy diciendo que algún tipo de acción es necesario antes de alcanzar la claridad. Cambiar tu manera de pensar, cambiar de opinión y superar tu resistencia al éxito, así como modificar tu entorno físico son algunos aspectos importantes por considerar. Muchas veces sabemos intuitivamente que debemos dar un paso o hacer algo distinto, desviarnos, salir, bailar, movernos de alguna forma, aunque la lógica y la razón dicten lo contrario. Salir de la rutina y generar energía a través del movimiento es increíblemente beneficioso y gratificante, incluso si solo implica un cambio temporal como viajar a un lugar bonito y desconocido, sea en autobús, tren, automóvil, a pie, avión o barco, -hasta puedes tomar ese viaje solo. Mi punto es, de la manera que tú elijas salir de tu zona de confort, esto abre la percepción, trae nuevos conocimientos y actitudes.

Hay magia en atreverse a cambiar y hacer cosas nuevas. Cuando sigues tu corazón y tu mente, audazmente, la experiencia de la reinvención se va abriendo, ¡y asciendes a nuevas alturas a las que tú perteneces!

TUS PRIMEROS PASOS HACIA LA REINVENCIÓN

Las personas que ya son exitosas también necesitan reinventarse para seguir cosechando éxitos. A continuación, compartiré nuestro secreto de cómo lo hacemos para que puedas comenzar tu proceso ahora mismo.

EL ROMPECABEZAS DE LA REINVENCIÓN

Exploremos las diferentes áreas de tu vida, cada una funcionando como una pieza de un gran rompecabezas. Observa cómo te sientes acerca de cada una, para determinar qué pieza de tu rompecabezas necesita tu máxima atención ahora.

Califica cada área en una escala del 1 al 10. Sé totalmente honesto y transparente durante este ejercicio para lograr claridad sobre las áreas que sientes que necesitas y deseas reinventar en este momento de tu vida.

1. Salud	1	2	3	4	5	6	7	8	9	10
2. Éxito/Prosperidad	1	2	3	4	5	6	7	8	9	10
3. Relaciones	1	2	3	4	5	6	7	8	9	10
4. Familia	1	2	3	4	5	6	7	8	9	10
5 Carrera/Negocios	1	2	3	4	5	6	7	8	9	10
6. Recreación	1	2	3	4	5	6	7	8	9	10
7. Espiritualidad	1	2	3	4	5	6	7	8	9	10

Estas son algunas preguntas que debes hacerte para ayudar a identificar el trabajo que necesitas realizar:

1. ¿Libertad financiera?

¿Cuál es tu actitud hacia el Éxito y la Prosperidad? Puede ser una sorpresa, pero la libertad financiera tiene menos que ver con la cantidad en tu cuenta bancaria que con tu relación con el dinero y la prosperidad. Aquellos con una relación saludable con el dinero saben que es una herramienta, no un medio para la felicidad. Nunca es más importante para ellos que las verdaderas alegrías de la vida.

2. ¿Relaciones saludables?

Las relaciones pueden ser la mejor ayuda para tu reinvención, o el mayor obstáculo. Puede ser difícil admitirlo, pero a menudo nuestro círculo de amigos y conocidos incluye individuos tóxicos.

Recuerda esto: Tú tienes el poder de elegir a quién permites en tu vida y a quién no. Si tu "mejor yo" no incluiría a ciertas personas en su círculo íntimo, es hora de comenzar a distanciarse de esas relaciones. Pero por favor, ten en cuenta que esto no significa que evites ayudar a otras personas que necesitan tu conocimiento o cuidado; significa que debes cuidarte a ti primero.

3. ¿Trabajo y balance en la vida?

¿Trabajas tanto que afecta tu salud y tus relaciones? ¿Te encuentras disfrutando la vida cada vez menos? Identifica maneras en que puedes cambiar ese desequilibrio y hacer tiempo para actividades que te traigan paz y felicidad. No estamos en la tierra para imitar al hámster corriendo en una rueda, dando vueltas constantemente y nunca disfrutando realmente del momento. "Recuerda, el éxito y la felicidad no se alcanzan al final del viaje, sino durante el recorrido. En otras palabras: La felicidad y el éxito son caminos y no destinos".

4. ¿Buena salud?

¿Prestas atención a lo que tu cuerpo está tratando de decirte? ¿O ignoras esos mensajes y continúas patrones que no son saludables? Si este último es el caso, ¿cómo puedes comenzar a tomar el tipo de decisiones que te harán sentir más fuerte, más enérgico y capaz de lograr más?

5. ¿Colocarte de primero?

Muchas personas en la necesidad más desesperada de reinvención constantemente colocan sus necesidades detrás de las de los demás ¿Recuerdas a Alexa? Si ese es tu caso, haz de tu cuidado y bienestar una prioridad. Busca un espacio y crea un santuario para ti, (puede ser imaginario) donde puedas descansar y energizarte, rodeado de cosas que te parezcan bellas. Medita allí y entra en contacto con tu ser interior, y de esa manera podrás llenarte de paz, claridad y la fuerza para seguir adelante.

7 Estrategias para Ejercer tu Poder de Elección

Estas son 7 excelentes estrategias, necesarias para garantizar que uses tu Poder de Elección y puedas reinventar tu Vida al máximo:

1. Ámate a ti mismo

La primera estrategia para ejercer tu poder de elección al máximo es elegir amarte, aceptándote exactamente como eres y dónde estás en tu vida en este momento.

¿Cómo lo haces? Hazlo incondicionalmente, amándote y aceptándote con todas tus fortalezas y, sí, incluso con tus imperfecciones.

Y esta es mi razón favorita para desear que te ames y te aceptes de todo corazón: ya no respondes a la vida como una víctima esperando la derrota, sino que te sientes confiado, lleno de tu propio poder, capaz de dar amor, alegre y satisfecho. Y así al amarte a ti mismo, ¡sientes que el cielo es el límite!

2. Apruébate a ti mismo

Puedes vivir tu vida auténticamente, en tus propios términos, al aprobarte a ti, y evitar preocuparte por los pensamientos y opiniones que los demás tienen de ti. Una buena forma para practicar esta estrategia es, recordando que ellos, "los demás" están demasiado preocupados preguntándose qué piensas tú de ellos.

Despreocúpate de las opiniones de los demás, sigue adelante, date la aprobación que necesitas, y confía en que tu intuición te está guiando en la dirección correcta.

3. Sé audaz y acoge lo nuevo

Para despertar tu audacia, piensa acerca de las cosas en las que eres bueno y que realmente disfrutas. Acoge metas nuevas que te motiven que estén alineadas con tus intereses y objetivos más prominentes, pues esto es lo que aumentará tu pasión e impulsará tus éxitos audazmente. Por ejemplo, podrías estar tratando de convertirte en una estrella del tenis, pero si esto no te interesa, no te gusta y ni siquiera tienes aptitud para ello, ¿Por qué continuar? Encontrarás tu mayor potencial de éxito en las áreas nuevas de reinvención que elijas donde demuestras aptitud natural, así como un gran interés.

4. Sé asertivo (¡y actúa!)

Cuando sientes una fuerte convicción sobre algo y no expresas esos sentimientos verbalmente, o mediante alguna acción, inevitablemente lo que se siente es un remordimiento y hasta vergüenza. ¿Por qué? Porque tu ego pincha más cuando te reprimes y no expresas lo que sientes. Además de que se vuelve más y más difícil perdonarnos cada vez que nos restringimos.

El truco para ser asertivo es hacerlo de la manera correcta, con la fórmula que compartimos en nuestros seminarios: Primero sintonízate, presta atención a las señales de tu cuerpo, escucha tus necesidades más profundas,

> "Toma el control de tu vida, solo tú puedes hacerlo"

segundo, toma la decisión de confiar en ti, y después... no lo ignores, por el contrario, exprésate con amabilidad, dale vida a tus ideas y sentimientos, y pon tus palabras en acción.

5. Mueve tu cuerpo - Levántate del sofá...

El ejercicio es primordial, especialmente cuando te estás reinventando. Mover tu cuerpo te da energía y poder, estimula tu mente y calma las emociones.

Comienza tu régimen de ejercicio, elije cualquier actividad física, apropiada para tu condición de salud. La inactividad física de quedarte en el sofá conduce a una sobrecarga mental y emocional. Elije ejercitar y mover tu cuerpo. El ejercicio está de moda, se ha convertido en una forma popular de cuidar la salud física, porque ayuda a estirar los músculos y ligamentos, y tonifica el cuerpo.

Así que ¡Comienza Ya! hoy mismo a moverte, a estirarte, a caminar, a bailar o a hacer una rutina de ejercicios, y verás que todo en ti cambia. Las endorfinas comienzan a impregnar tu cerebro, una actitud positiva te invade y ves la vida bajo una luz diferente.

6. Utiliza tu potencial

La reinvención requiere de ti que des tu 100%, así que evita el error de hacer *"lo mínimo"*. Rompe tus estándares actuales y ve más allá del mínimo esfuerzo, experimentando con tu creatividad en la manera de hacerlo. Por ejemplo, si necesitas hacer ejercicio una vez a la semana para alcanzar tu meta de perder 20 libras (10 Kg) de peso, ve al gimnasio, al parque o incluso en casa dos veces por semana y luego, quizás podrías considerar agregar una clase de baile o algo divertido a tu rutina. Permítete pedir el apoyo adicional que necesites para motivarte. Con esta estrategia, extraerás el máximo de tu potencial en cualquier área que te propongas reinventar, y tu éxito está prácticamente garantizado.

7. Agradece diariamente

La gratitud multiplica los regalos que cosechas a medida que avanzas en el camino. Para expandir aún más esos regalos sé agradecido, no solo por el progreso que has logrado, sino también por los reveses y dificultades. Tener una actitud agradecida por todo es importante. Te ayuda a mantenerte humilde, lo cual, a su vez, potencia tu liderazgo, tus éxitos y transformación.

Elegir sabiamente es importante para crear una visión fascinante… Más, ¿Te has preguntado alguna vez cómo se crea una visión que te apasione a lograr el éxito en la vida? … Esto lo aprenderás ahora…

CAPÍTULO 2

Crear una Visión Fascinante

"La Visión es la Clave para Alcanzar el Mayor Propósito de tu Vida, como una Brújula, te Guía en la Dirección Correcta a Cada Paso del Camino".

Yvonne Dayan

Es esencial tener una visión precisa de lo que deseas incorporar a tu vida y mantenerte enfocado en esa visión, para lograr tus objetivos.

Imagina que estás mirando la imagen ideal de cómo quieres estar al final de tu reinvención. ¿Puedes imaginar tu "nuevo yo"? ¿Cómo se ve? ¿Cómo se siente?

Si puedes crear una imagen de hacia dónde quieres ir, con una mente objetiva, es mucho más fácil llegar a ese destino especial. Con esto en mente, hazte las preguntas siguientes que te ayudarán a orientarte hacia la dirección correcta:

- ¿Cómo quieres que sea tu futuro? ¿Lo puedes imaginar?
- ¿Qué cualidades te gustaría adquirir o mejorar?

- ¿Cómo planeas alcanzar tus futuras metas?

Tus respuestas, te apoyarán significativamente a diseñar la visión que necesitarás para reinventar ¡la mejor versión de quien tu Yo Auténtico está destinado a ser!

LO QUE PUEDES VISUALIZAR, ES LO QUE PODRÁS LOGRAR

Tu visión del futuro es la fuerza que encausa tu reinvención, abriendo el camino para la autorrealización, y permitiéndote adquirir nuevos niveles de empoderamiento y entusiasmo.

Tu visión te inspirará a continuar trabajando para alcanzar nuevas metas y mantenerte enfocado en ellas. Con esa visión, surgirán nuevos rasgos de liderazgo que te permitirán emprender de manera eficaz, posibilidades nuevas y brillantes para tu futuro, ¡así como también lograr que otros te ayuden en tus esfuerzos! Ya que, cuando compartes tu visión con quienes te rodean, a través de esa fuerza visionaria, ellos captan la emoción que estás proyectando, se sienten atraídos, y deseosos de ser parte de esa gran visión.

LA VISIÓN Y SU PROPÓSITO

Por otro lado, como nos dicen los sabios que escribieron la Biblia: "Donde no hay visión, el pueblo se pierde" (Proverbios 29:18). Cuando te falta visión, también te falta dirección y propósito, lo que dificulta el desarrollo de tu misión, de tu liderazgo y la actualización de tu ser auténtico.

Por eso, ahora es el momento de fijar la visión de tu Yo Auténtico, para llevarte hacia dónde quieres ir y quién quieres ser cuando llegues allí. Con esa visión, puedes convertirte en el "éxito" que deseas ser y liderar el camino para crear tu mejor vida. Y ten en mente que nada es demasiado pequeño o demasiado grande a considerar cuando formulas tu visión. Si sientes ese llamado desde tu interior y te parece correcto, entonces debe incluirse.

A continuación, te presento 5 poderosos ejercicios que te permitirán afinar y concretar tu visión y así alcanzar lo que realmente estás buscando desde lo más profundo de tu alma y de tu corazón:

1. Imagina que estás haciendo al menos una cosa que siempre quisiste hacer

¿Cuál es esa cosa importante que siempre quisiste hacer o tener, pero que aún no has logrado?

Analiza lo que te ha impedido alcanzar tus objetivos y piensa en cómo superar los obstáculos que encuentras en tu camino. ¿Qué acciones podrías comenzar a tomar para hacer realidad tus metas de reinvención?

2. Visualízate cultivando tu *Inner Forte*™, las fortalezas, virtudes y dones dentro de ti, aquellas que puedes haber estado descuidando a lo largo de los años.

Estos son atributos positivos que te atraen de los demás y que tú sabes que también los tienes, pero por una u otra razón, nunca has tenido la oportunidad, o la confianza de desarrollarlos adecuadamente.

¿Alguna vez has visto a alguien hacer algo extraordinario, y has pensado, ¡ah…! yo también pude haberlo realizado de igual o de mejor manera? Con tu *Inner Forte™* o fuerza interior, puedes desbloquear tus dones poniéndolos en acción en tu vida. Al concentrar tu atención en tu *fuerza interna*, ella se despierta, se activa e ilumina tus dones, fortalezas y virtudes.

3. Crea una imagen mental con todo lo que te traería alegría duradera.

La felicidad no necesita limitarse a un evento pasajero o a una circunstancia fugaz, es posible convertirla en una parte integral de nuestra existencia cotidiana con esta práctica diaria.

Haz una pausa por un momento, y "toma una inhalación profunda de amor y alegría, infundiendo tu visión con esta energía… Mantén el aliento por unos momentos… luego, exhala, energía positiva a tu alrededor, permitiendo que tu aliento te llene de positividad y alegría.

Continúa haciendo este ejercicio, por aproximadamente 5 minutos, concentrándote solo en las cosas que desencadenan en ti emociones positivas, y solo desde ese estado de emoción, determina qué elementos quieres añadir a tu vida, que promuevan la satisfacción y la felicidad durante tu travesía de reinvención. La felicidad no es libertad del caos; más bien, es   encontrar alegría en medio del caos.

4. Sé muy específico.

Una visión vaga y poco definida te dejará confundido y perdido al tratar de llegar a tu destino. Así que sé tan descriptivo como sea posible al definir lo que deseas incluir en la visión macro de tu vida, mientras al mismo tiempo te mantengas flexible y dejes un "margen para maniobrar", al determinar quién quieres ser y hacia dónde quieres ir.

5. Ábrete a las posibilidades infinitas.

La mayoría de las personas fallan en crecer y en aprovechar las oportunidades que se les presentan simplemente porque están bloqueadas por limitaciones autoimpuestas. Evita la trampa de caer en esas limitaciones; en su lugar, libérate de ellas, concéntrate en lo que *"es posible"* para así conectarte a tu *Inner Forte™*, la llave que abre la puerta a las posibilidades infinitas, a tu verdadero potencial y a tus aspiraciones más preciadas y auténticas.

CREA UNA VISIÓN FASCINANTE

La visión despierta la motivación. Para crear una visión que te fascine, define tu visión. Así podrás descubrir que tienes un gran propósito, quizás desconocido para ti anteriormente, el cual te impulsa hacia adelante a conquistar tus sueños y retos. Ese es el espíritu aventurero de tu Yo Real dirigiéndose a la vanguardia, liderando el camino, emergiendo desde lo más profundo de tu alma, buscando impulsarte para que avances hacia tu victoria.

Cuando tu visión abarca en sí un futuro que te llena con un sentido de esperanza, significado y satisfacción, eso, a su vez, aviva el fuego que alimenta tu pasión para lograr el propósito deseado, sin darle importancia a tu edad, cómo otros te critican, cómo reaccionan tus hijos ante ti, quién te abandonó, en qué situación te encuentras o qué cartas te ha dado la vida en el pasado.

Tú puedes reinventar tu vida, en cualquier momento y en cualquier lugar, siempre y cuando tengas establecida una visión fascinante.

Una visión fascinante es empoderada adicionalmente por tus valores más preciados.

Cuando creamos nuestra visión, debemos siempre considerar nuestros valores primordiales. Diferentes personas, por supuesto, tienen diferentes valores. Algunas valoran la felicidad por encima de otras cosas, otras valoran el amor, el altruismo, la justicia, la honestidad, y/o la belleza ¿Alguna vez te has detenido a pensar… qué valoras tú?

Soy una de esas personas que tiene la belleza como uno de sus valores fundamentales. Pero mi definición de belleza no es la habitual, que solo considera las apariencias externas. No, el tipo de belleza que valoro proviene de un estado de balance, armonía y paz; este genera una luz que emana desde el interior, y crea un equilibrio exquisito entre energías opuestas tales como, fuerza y dulzura, acción y quietud, valor y gracia, sonido y silencio, sombra y color, entrelazándolas y desencadenando la misma belleza en aquellos que son atraídos y fascinados por esa sensación.

Alguien cuya historia despertó mi curiosidad, comenzó en un lugar de abrumadora belleza física, y luego encontró una forma de transición al tipo de belleza del que estoy hablando. Ella redefinió su visión a través de sus valores fundamentales.

La persona a la que me refiero es Frederique Van Der Wal de la famosa "Victoria's Secret". Cuando su carrera de modelo llegó a su fin, se reinventó a sí misma al embarcarse en una nueva vocación en la creación de belleza a través de las flores.

> "Puede ser necesario que se cierre una puerta antes de que muchas otras, más importantes, se abran ante ti."

Como fundadora de "Frederique's Choice", se estableció como una florista capaz y una excelente empresaria. Ella demostró ser más que una cara bonita a medida que pasó de ser modelo a emprendedora y a lograr el éxito en los negocios, a través de elegir, esta vez, una carrera mucho más significativa, que nos deleita e inspira a todos, ¿a quién no le gustan las flores? La vida de una modelo tiene muchas,

muchas trampas Frederique Van Der Wal escapó de todas ellas a través de una profunda reinvención, que en este caso, resultó ser una verdadera bendición.

Hay muchas lecciones que puedes sacar de su historia, pero esta es la mía: *"Si alguna vez te encuentras al final de una carrera, al final de una relación, al final de tu inspiración, al final de los días de la crianza de tus hijos, al final de cualquier fase importante, puede ser una bendición disfrazada –porque te libera para la verdadera reinvención, lo que te permite descubrir una nueva faceta de ti mismo y ¡te impulsa hacia tu próxima misión gloriosa en la vida, en la puedes impactar tu mundo!"*

VER MÁS ALLÁ DE LOS OBSTÁCULOS

Muchas veces, las personas hacen resoluciones y quieren reinventarse, pero por diferentes causas no continúan, se desvían, lo posponen, o dan vuelta atrás. Esto puede suceder porque se sienten bloqueadas; o piensan que son incapaces de llevar a cabo el cambio que necesitan hacer, el progreso que desean, o porque pueden carecer de un sistema de reinvención probado, con los pasos adecuados, para hacer lo que hemos estado discutiendo en este capítulo, crearnos una visión fascinante, que nos motive a seguirla, hasta finalmente lograr el éxito que deseamos.

Cuando las personas no se sienten inspiradas, no pueden imaginarse a sí mismas avanzando. Se sienten atrapadas y ese pensamiento negativo las mantiene donde están.

Si esto te suena familiar, entonces la forma de obtener inspiración y expandirte más allá de tu horizonte limitado actual, es ampliando tu visión para incluir a otros en ella; para servir a quienes están a tu alrededor; para albergar causas que son más grandes que tú, para amar y servir a los demás incondicionalmente, y contemplar un nivel superior hacia donde puedas llevar tu vida. Cuando puedes elevar tus propios estándares y tus expectativas para el éxito, ¡ese éxito no tiene otra opción que venir a encontrarte, bajo tus propios términos!

A esos pocos especiales que crean enormes cambios, con razón, los llaman "visionarios". Me refiero a personas legendarias como Einstein, Gandhi y Madame Curie, quienes pudieron "ver" la reinvención no solo para ellos mismos, sino para el mundo que les rodeaba, y como resultado hicieron que sucedieran cosas ¡asombrosas!

Lo que ellos hicieron tú puedes hacerlo, o no... ¡quizás! El punto es que, si te atreves a imaginarlo, te sentirás incentivado a lograrlo. Y esa visión te dará la llave en términos de discernir qué dirección debes tomar para lograr el resultado deseado. Y las tentaciones que distraen o desalientan el logro de tus metas serán más fáciles de ignorar, sin importar lo atractivas que parezcan.

LA IMAGINACIÓN
El Portón a una Nueva Realidad

Se ha dicho que: *"Lo que ves en tu mente, lo sostendrás en tu mano."*

El significado de esa sabia afirmación es que, si queremos atraer ciertos aspectos positivos a nuestra vida, relaciones nuevas y estimulantes, circunstancias más favorables, más dinero, una mejor carrera, una vida profesional más exitosa, y una vida espiritual más rica primero debemos ser capaces de imaginarlo y creerlo posible.

Este proceso comienza al utilizar tu visión e involucrar la imaginación.

Involucrar nuestra imaginación es una forma poderosa de decirle Al Universo exactamente qué es lo que deseas manifestar, y es un ingrediente esencial para desarrollar una visión vibrante, poderosa y unificada, que te fascine. Esta es tu próxima etapa para desarrollar esa visión.

Nos permite formar una imagen mental deseada que no está disponible a través de los cinco sentidos. En palabras de Einstein: "La imaginación es el anticipo de las próximas atracciones que te trae la vida".

"La imaginación es en realidad la puerta de entrada a una mejor realidad"

La imaginación, sin embargo, con frecuencia se da como una pérdida de tiempo, como un mero "soñar despierto", una actividad en la que la mayoría de nosotros hemos sido desalentados desde que éramos niños. Ya sea en la escuela, en el trabajo o incluso en entornos sociales, si miramos a lo lejos, más allá del horizonte, estando entretenidos por una posibilidad mágica increíble, que para nosotros ya existe y lo sentimos como un hecho, se nos dice que regresemos a la "realidad".

Cuando era una niña solía perderme en el "país de los sueños" y escuché muchas veces, de diferentes personas y en distintos tonos esa frase: "deja de soñar". Dependiendo de quién lo dijera, y cómo lo dijera sabía si estaba en graves problemas o no. Un día mi padre me dijo amorosamente... "Yvonne, vuelve a la realidad, el mundo te necesita aquí... Un día llevarás gente allá... Pero por ahora... te quiero aquí y no por ahí." En ese momento, no sabía lo que él quería decir. Más mi padre en su inmensa sabiduría ya había profetizado a donde me llevarían mis propios sueños.

Hoy entiendo que la imaginación es el motor detrás de tu visión, por lo que es bueno darle un entrenamiento regular. ¿De qué otra manera puedes sintonizar tus habilidades imaginativas?

A través de la imaginación, puedes dar rienda suelta a tu creatividad para manifestar tu futuro más anhelado. Este es un entrenamiento que va más allá de soñar despierto, que requiere que uses tu imaginación para crear de una manera específica. O sea que ya no es soñar despierto, divagando con la mente, ni perdiéndote en el horizonte, sino que se trata de… Soñar despierto, esta vez, con un propósito deliberado en mente, un propósito influyente en el que creemos y que nos sirve de impulso.

> "Para desarrollar una visión concisa, tu imaginación debe tener una intención clara, directa y deliberada."

Una vez que veas esa imagen y sientas las emociones inherentes a ella, luego necesitarás visualizar que lo que estás proyectando es una realidad ahora, y no que se dará en el futuro. De esta manera, estás alineando tu visión con la Inteligencia del Universo, y en lugar de enviar mensajes mixtos, ahora estás enviando señales claras de lo que realmente quieres manifestar en tu vida.

¡MANTÉN EL CONTROL!

Cuando estás activamente involucrado con tu imaginación tienes el control, ya que estás dirigiendo conscientemente tus pensamientos hacia un propósito específico que va desarrollando tu visión. Y esto todo obra para tu beneficio, pero el peligro puede surgir cuando estás pasando por tu vida cotidiana, y otras imágenes interrumpen y perturban tu visión.

Lo que la mayoría de las personas no notan es que ya están usando el arte de la visualización, ya sea que lo sepan o no.

Desafortunadamente, muchas personas están visualizando las cosas que no quieren, las personas que no quieren atraer y los eventos que no quieren que sucedan.

Cuando estás de mal humor o temeroso, piensas en lo peor que puede pasar. ¡Y eso es tan poderoso como pensar en lo mejor! El Universo no diferencia entre lo que quieres y lo que no quieres, sino que responde a las poderosas imágenes que generas en tu mente y a las fuertes emociones que están vinculadas a ellas. A su vez, esas imágenes se manifiestan en realidades. Esa puede ser la razón por la cual algunas personas descubren que siempre terminan en el tipo de relaciones incorrectas, toman el tipo de trabajo equivocado o nunca parecen tener progreso financiero.

El Universo ve lo que tú ves, capta lo que tú captas y siempre desea asistirte. Entonces, ¡debes ser decisivo y selectivo! ¿Recuerdas el capítulo anterior donde aprendiste a usar tu poder de elección? Ahora es un buen momento para ponerlo en práctica.

¿QUÉ ESTÁS MIRANDO?

Cuando digo que debes ser selectivo, no estoy hablando solo de lo que pones en tu imaginación. También estoy hablando de lo que colocas en tu casa, en tu oficina y en tu entorno.

¿Qué quiero decir con eso? Todo lo que ves alimenta tu imaginación. Si te rodeas de pinturas, esculturas e imágenes que son inquietantes, entonces, te sentirás perturbado. Si miras constantemente películas de terror, es posible que sientas demasiado miedo. Si lees o ves demasiadas malas noticias, eso puede elevar tu nivel de ansiedad e interrumpir tu tranquilidad y tu calidad de vida.

Lo que necesitas comprender para utilizar este poder al máximo en tu vida es que tu mente subconsciente está siempre despierta, observando, escuchando y reaccionando a lo que sea que encuentre en un nivel consciente. Así que usa este hecho para tu beneficio, cuida tu entorno, sé selectivo con las cosas que te rodean, *puesto que tienes el poder de elegir y seleccionar a qué expones tu mente subconsciente, lo que, a su vez, tendrá un impacto en la visión que estás configurando para tu reinvención.*

Con eso en mente, utiliza todos los elementos visuales que te rodean para estimular y respaldar tu visión, no para debilitarla. Piensa en los comerciales con los que las agencias de publicidad bombardean nuestra mente inconsciente: están llenos de bellas imágenes para promover las ventas y los beneficios de sus clientes. Haz lo que ellos hacen. Usa tu poder para elegir lo que ves, bombardéate con imágenes positivas llenas de color y pasión que te ayuden a promover tu visión ideal.

> "La mente es un milagro tan espectacular que no merece ser desperdiciada. ¡Utilízala al Máximo!"

Por ejemplo, si deseas crear una nueva visión para reinventar las relaciones y pasar de la soltería al matrimonio, agrega imágenes de parejas que reflejen amor, cariño, unión y pasión.

En uno de mis cursos de reinvención, le recomendé a una de nuestras participantes que había estado soltera por muchos años, y había compartido que ahora estaba lista para encontrar a su alma gemela, que cambiara la pintura de esa figura solitaria que tenía en su pared durante años y colocara una imagen de una pareja amorosa disfrutando el romance de sus vidas.

Si deseas reinventar tu situación financiera o tu carrera, haz lo mismo. Agrega imágenes, pinturas y gráficos en tu casa, en tu oficina y en la pantalla de tu computadora que reflejen abundancia, riqueza y que te puedan generar entusiasmo y atraer la prosperidad a tu vida.

Otro ejemplo es Nadia, quien también asistió a mi curso y después de aprender esta técnica, se motivó a practicarla diligentemente. Cuando llegó a su casa, pegó su "Mapa de Reinvención" con un billete (falso) de $100.000 al techo, directamente encima de su cama, de modo que cuando abriera los ojos por la mañana, le recordaría visualizar la abundante riqueza entrando a su vida. Después de practicar ejercicios de visualización de forma disciplinada durante aproximadamente 60 días, Nadia notó un aumento de clientes satisfechos; y poco después recibió un premio por convertirse en la vendedora #1 en su oficina de bienes raíces.

Lo que sea que desees, o lo que quieras reflejar en tu visión, asegúrate de que esté representado por lo que ves en tu entorno. La magia ocurre una vez que sincronizas la mente consciente y la inconsciente, porque estas dos partes del Ser comparten la misma visión y las mismas emociones poderosas.

7 Estrategias para Crear y Enfocar tu Visión

Toma las siguientes acciones para aumentar tu poder de atracción a través de tu visión.

1. **Identifica exactamente qué quieres**

   Primero, crea una visión de exactamente dónde estás hoy y donde quieres estar en el futuro.

2. **Alinea tus acciones con tus deseos**

   Asegúrate de tener tu visión, emociones y acciones alineadas con lo que quieres y necesitas para que tu vida sea exitosa.

3. **Agrega emoción a tu visión**

   Para ser eficaz, solo necesitas agregar tus "sentimientos" a lo que visualizas.

4. **Cree en lo que visualizas**

   Cuando estás comprometido con tu visión, es importante que verdaderamente sueltes toda duda y creas que lo que estás viendo en tu mente realmente ocurrirá en tu vida.

5. **Confía en tu visualización**

   Incluso si tu visualización no se convierte en realidad de inmediato, ¡confía en ti, que el éxito está viniendo! Y afirma: "¡Lo mejor está llegando a mí ahora!" "¡Una vez al día visualiza y disfruta el resultado de tu reinvención como si ya hubiera sucedido!"

6. **Suelta toda preocupación, miedo y control**

   Precaución: este tipo de emoción negativa contradice la visualización poderosa y positiva en la que te estás envolviendo a través de la lectura y las reflexiones de este libro.

7. Practica tu visualización a diario

¡Practica todas las acciones anteriores de forma consistente para que La Fuerza del Universo cumpla tus sueños y visiones y te ayude a obtener el futuro exitoso y dichoso que deseas!

Al mantener constancia en tu visualización y seguir las ideas y ejercicios recomendados en este capítulo, ¡te sorprenderás con lo que lograrás!

Ahora con nuestra visión en su lugar, prepárate para dar el paso siguiente y descubramos cómo podemos impulsar una mente positiva para reinventarnos...

"Controla lo que ves y comienza a traer a tu vida, intencional y deliberadamente, lo que realmente deseas."

CAPÍTULO 3

Impulsar Una Mente Positiva

"Tu Mente Deberá Creerlo para Entonces Poder Tenerlo"""
Yvonne Dayan

¡Podrías ser mucho más inteligente de lo que supones!

A través de la investigación, los científicos del Instituto Salk descubrieron que el poder de computación que abarca el cerebro humano es diez veces mayor de lo que se pensaba.

Los nuevos datos sugieren que tú tienes la capacidad de procesar información tan rápido como las supercomputadoras más nuevas y la capacidad de almacenar toda la información que puedas encontrar en la "World Wide Web" ¡justo allí en el espacio entre tus dos oídos! Con ese tipo de aptitud mental tan impresionante, es hora de creer en ti y en tu capacidad para expandir tu mente al máximo y lograr el éxito.

REEMPLAZANDO EL PENSAMIENTO LIMITANTE CON POSIBILIDADES ILIMITADAS

Para que ocurra la reinvención, tener éxito y cosechar sus recompensas, necesitas cultivar una mente abierta que conduzca al tipo de cambio que deseas traer a tu vida.

Eso requiere una "transformación mental", donde el *pensamiento limitante es reemplazado por posibilidades ilimitadas*. Del mismo modo, las creencias obsoletas que te han frenado deben evaluarse y cambiarse por otras más actualizadas, positivas y más objetivas que te sirvan de impulso hacia el propósito que deseas alcanzar.

He visto personas capaces, inteligentes y calificadas que permanecen atrapadas en sus vidas, y no necesariamente debido a una circunstancia negativa externa. No, a pesar de que tenían lo necesario para triunfar y llegar lejos en la vida, estaban atrapados por sus propios patrones de pensamiento obsoletos y restrictivos. Estos pensamientos iban y venían en sus mentes como un disco rayado, convenciéndolos de que no eran capaces, que lo que verdaderamente querían lograr era "muy difícil" y simplemente no se podía hacer.

La razón por la que las personas sufren es debido a su mentalidad restrictiva que les paraliza y su incapacidad de aceptar el cambio. Lo opuesto también es cierto; las personas progresan porque permiten a una nueva y amplia forma de pensar echar raíces en sus mentes.

La mayoría de la gente ni siquiera está consciente de cuán grande es el papel que juegan los pensamientos en sus vidas. A menudo, esa forma de pensar es el mayor obstáculo para transformar sus vidas de una manera que coincida con la visión que han creado para sí mismos y para aquellos que aman. Y no solo estoy hablando de objetivos grandes y épicos cómo salvar el mundo, volverse multimillonario o encontrar el alma gemela. Hablo también de los pensamientos que entretenemos a diario.

Por ejemplo, en el pasado, cuando las computadoras recién salieron y eran algo innovador en el mercado, tuve problemas con la nueva tecnología. Me costaba horas encontrar la fórmula para trabajar con esos nuevos programas de computadora y aún más tiempo para aprender a usarlos de manera correcta y eficiente. Pero una gran parte de esa dificultad era mi *actitud* hacia esa nueva tecnología. La veía como "demasiado difícil" e hice de ese juicio una verdad. Pero verás, con ese tipo de juicio, terminé perdiendo tiempo, recursos, rendimiento y crecimiento financiero.

Una vez que me di cuenta de lo que podía ganar cambiando mi perspectiva a un enfoque mental nuevo, decidí *"reiniciar"* mi actitud y adoptar la tecnología con un mayor sentido de curiosidad, interés y receptividad. Sabía que, al cambiar mi forma de pensar, sobre la tecnología podría unirme a las maravillas de la ciencia y ser parte de la progresión natural del futuro de la evolución humana. Entonces, di un paso al frente y establecí creencias positivas, que reemplazaron las anteriores y que me ayudaron a descubrir medios nuevos para lograr lo que quería. Estas son algunas de las creencias que adopté para mi vida y que tú también puedes hacerlo para expandir tu mente:

- Para mí es fácil aprender programas de tecnología nuevos y estimulantes que hacen prosperar mi negocio.
- A mí me encantan las tremendas ventajas y alegría que la tecnología me brinda.
- La tecnología es mi amiga; me ayuda a lograr mis metas rápido y de la mejor manera.
- Yo disfruto creciendo, evolucionando y renovando mi mente con los nuevos avances en la tecnología.

Claro que todas las creencias que acabé de mencionar son verdaderas. Así que, ¿por qué no reconocer la verdad? ¿Por qué no hacer mi vida más fácil recordándolas cada vez que me enfrento a un nuevo desafío tecnológico?

En otras palabras, ¿por qué limitarme con energía negativa?

No son los eventos, situaciones, personas, política, finanzas o incluso nuestro pasado lo que nos impide reinventarnos en la visión más elevada que tenemos para nosotros mismos, nuestras familias y nuestro mundo. Es más bien la forma en que pensamos sobre esas situaciones, personas y eventos, economía y sobre nosotros mismos la cosa con el poder para detenernos.

CÓMO ALINEAR TU MENTE PARA LOGRAR TU VISIÓN

En el capítulo anterior, hablé sobre la importancia del Paso 2, tener una visión fascinante para guiarnos hacia una reinvención exitosa. Una vez que tengas lista esa visión, entonces el Paso 3 consiste en asegurarte que tus pensamientos estén alineados con tu visión. Formularte estas preguntas te ayudará a lograr esa alineación:

- ¿Te motivan los proyectos de tu futuro? ¿Te emocionan?
- ¿Qué tipo de pensamientos provocan en tu mente?
- ¿Esos pensamientos… te ayudan a a*vanzar o te están frenando? ¿Qué resultados te están produciendo?*

Esta es una encrucijada transcendental en el camino hacia tu éxito. Si tus pensamientos no están en armonía con la visión de tu reinvención y no la integran, entonces pueden sabotear tus acciones, así como mi miedo a la tecnología saboteó mis esfuerzos con las computadoras.

Por ello es importante entender este principio: **"Si puedes visualizarlo, entonces tienes lo necesario para lograrlo."**

Así es como funciona: Los ideales y sueños que deseamos más intensamente a menudo son "colocados" estratégicamente en nuestra conciencia para despertarnos e impulsarnos a ir más allá de lo conocido y conducirnos hacia nuestro potencial más elevado. Estos ideales son una parte integral de lo que somos. A veces encontramos resistencia de nuestro ego, que nos frena porque prefiere permanecer en su zona de confort, en lugar de atreverse a entrar en lo nuevo, aventurero, insólito, excitante y desconocido.

Ultimadamente, nuestras formas de pensar determinan nuestros éxitos o fracasos.

Son nuestros pensamientos los que definen cómo vivimos cada momento, y si aprovecharemos o no las oportunidades.

Sabemos que, los viejos hábitos no mueren fácilmente.

A menudo, me encuentro con personas que piensan que lo que han visualizado no es posible para ellos. ¿Mi respuesta?

"Si tienes un gran deseo en tu corazón, es porque tienes la capacidad de cumplirlo". Y también les aconsejo, tal como lo hago ahora: *aduéñate* de tu poder para reinventar tu vida adoptando creencias positivas y declarándolas tuyas.

Haz una pausa por un momento, ¡y decláralo ahora mismo!

"Yo lo visualizo… y Yo lo logro".

Considera el abejorro, con su cuerpo redondo, difuso y de ligera envergadura, esta maravilla de la naturaleza no debería poder volar. Sin embargo, el abejorro solo sabe lo que debe hacer. Debe reunir polen para alimentarse, debe llevarlo a su reina, y debe construir un hogar con las otras abejas en su colmena. Con este conocimiento, el intrépido abejorro, ignorante de las leyes de la aerodinámica, levanta su cuerpecito redondo en el aire y vuela con confianza, logrando lo que debe hacer.

Tú también sabes lo que debes hacer ¡para volar con tus propias alas! Lo encontrarás en tu visión. Y cuando tú le sumes a esa visión, pensamientos asertivos de "sí se puede", te empoderarás para lograr lo que puede haberte parecido imposible anteriormente.

Tu reinvención no es simplemente una transformación del cuerpo y los aspectos físicos de tu vida; también es un nuevo compromiso de la mente y una renovación del alma. La clave para hacer realidad tus ideales no es juzgar si son verdaderos o falsos; después de todo, todavía no han aparecido en forma tangible, no puede juzgarse por esos estándares. No, la clave está en cómo interpretas tu visión, y mantienes la fe durante tu travesía.

Está dentro de tu capacidad y poder el crear los resultados positivos que deseas.

> "Una actitud mental positiva atraerá resultados que reflejen tus deseos más profundos."

LA CIENCIA DETRÁS DE LA REINVENCIÓN

Un estudio psicológico innovador publicado por la investigadora Barbara Fredrickson muestra claramente la importancia del pensamiento positivo para abrir la mente a las posibilidades.

En su investigación, Fredrickson separó a las personas en cinco grupos. A los grupos 1 y 2 se les mostraron imágenes destinadas a crear sentimientos de alegría y satisfacción. El grupo 3 era el grupo control y se les hacía ver imágenes neutras y no emotivas. Finalmente, a los grupos 4 y 5 les mostraron imágenes para causar miedo y enojo.

Después de ver sus respectivas imágenes, se le dio a cada miembro de los grupos una hoja de papel con 20 líneas y la indicación "Me gustaría…" impresa en ella. Curiosamente, los grupos de imágenes negativas escribieron la menor cantidad de respuestas, mientras que los grupos de imágenes positivas escribieron la mayor cantidad de respuestas, superando tanto a los grupos de imágenes neutras como a los de las negativas.

Fredrickson descubrió que el pensamiento negativo actúa como una trampa para la mente. Limita la capacidad para ver opciones disponibles o posibles resultados positivos. El cerebro esencialmente se cierra por completo, y solo se enfoca en los negativos.

Por otro lado, el pensamiento positivo abre tu mente, permite que las ideas florezcan y mejora tu capacidad para ver posibilidades que la negatividad bloquea y previene.

CÓMO LOS PENSAMIENTOS CREAN NUEVAS REALIDADES

mi "Fórmula Inner Forte™ de 6 puntos"

El proceso creativo de tu mente te permite tener un pensamiento crítico y superar los obstáculos, por tanto, te impulsa hacia la reinvención. Más adelante encontrarás un gráfico que proviene de mis seminarios/libro de *Inner Forte™* y que me gustaría presentar, porque el mismo ilustra este proceso y presenta un fenómeno que llamo **"La Rueda del Proceso Creativo (TCP,** por sus siglas en inglés "The Creative Process").

Así es como funciona esta "rueda" TCP:

- Tus creencias crean tus pensamientos.
- Tus pensamientos inspiran tus emociones.
- Tus emociones motivan tus acciones.
- Tus acciones generan un conjunto específico de resultados.

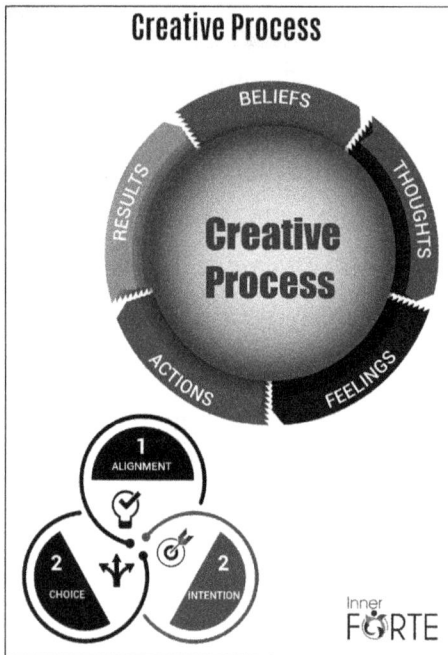

Aquí hay algunos aspectos importantes de esta rueda TCP que necesito explicar con mayor detalle. Con la Fórmula *Inner Forte™* de 6 Puntos, comprenderás cómo usar esta rueda a tu favor y replantear tus creencias para cumplir con tu visión y avanzar para poder crear un plan de reinvención exitoso.

LOS PENSAMIENTOS NO SON HECHOS

Primero, recuerda que los pensamientos no son una realidad. Si tomas tus pensamientos negativos a su valor nominal como "la verdad", sabotearás tus propios esfuerzos. Ten en cuenta que tus pensamientos son solo eso - ideas que pueden cambiarse y transformarse para proporcionar motivación y respaldo positivo.

1. Identificar creencias limitantes

Busca cada creencia negativa que no te sirve y no refleja la realidad, teniendo en cuenta que:

Todos tenemos la capacidad de identificar y cambiar esas creencias limitantes.

Sé consciente para que puedas identificar cuándo estas creencias negativas se cuelan en tu mente impidiendo que te conviertas en tu mejor versión y tengas una vida plena y satisfactoria.

2. Comprender la influencia de las creencias

Mira hacia atrás, hacia los patrones negativos de tu vida e intenta comprender cómo tus creencias limitantes pueden haber creado esos patrones.

Analiza las consecuencias de esas creencias y cómo afectaron tus acciones (o incluso tu inacción). Al comprender el efecto total de estas creencias negativas, estarás motivado para soltarlas más temprano que tarde.

¿Recuerdas mi experiencia con la tecnología? ¡Solo cuando me di cuenta de cómo ciertas creencias estaban teniendo un impacto negativo en mi negocio me motivé a cambiarlas!

3. Adquirir creencias de empoderamiento

Rechaza esas creencias negativas y en su lugar, considera lo que te convendría creer. Genera creencias empoderadoras que inspiren acciones positivas.

Digamos, por ejemplo, que tú o alguien que conoces tiene la creencia negativa: "es demasiado tarde para cambiar". Esto podría ser por una miríada de razones. He escuchado a la gente decir que no podían cambiar porque eran demasiado viejos o demasiado habituados, otros simplemente decían que lo habían intentado muchas veces y que no podían hacer que sucediera.

Pero, te derrotas a ti con esas ideas negativas que limitan tus capacidades y sabotean tus esfuerzos por obtener un cambio positivo, te derrotas a ti, cuando la verdad es que puedes hacer la diferencia en tu vida y en la vida de aquellos que amas al adoptar creencias que te empoderan.

Exigirnos demasiado, ponernos plazos rígidos, compararnos con los demás, significa dejar de saborear cada paso, con sus alegrías y sus desafíos, sus sincronismos y dones inesperados, a medida que se despliegan naturalmente a lo largo de cada experiencia de reinvención.

Una manera excelente de modificar estas creencias limitantes es cuestionarlas y, en última instancia, cambiar tu enfoque. Solo mira a tu alrededor y notarás como en nuestro mundo cada día que amanece tenemos acceso a un nuevo comienzo para reinventarnos una y otra vez. Siempre me gusta recordar que:

¡Nuevas posibilidades florecen con cada día!

Y... ¡Todos los días de nuestras vidas podemos vivir con Alegría, sabiendo que el cambio está disponible en cada momento presente!

Entretener pensamientos que nos deleitan como estos es lo que nos inspira a dar pequeños pasos firmes en la dirección de nuestros sueños, y es cómo alcanzamos nuestras metas con la mayor alegría.

Siempre busca convertir una situación negativa en una solución viable y positiva. Esto abrirá nuevas posibilidades para reactivar las áreas en las cuales tienes alguna carencia, y también asegurarte de elegir y cumplir las metas adecuadas para reinventar tu Vida.

4. *Pensar, sentir y actuar diferente*

Usa tus creencias reestructuradas para transformarte intelectual, emocional y espiritualmente. Sé muy específico sobre el cambio que quieres ver en ti.

En mi caso, abordé nuevas aplicaciones informáticas con mi sistema de creencias modificado y como consecuencia, terminé amando la forma en que ahora puedo trabajar con la tecnología, casi puedo decir que soy un as en mi computadora, y hasta estaría dispuesta a aventurarme en la tecnología futurista de los robots. Todo esto comenzó con un solo cambio de creencia. Sí, se me hizo la vida más fácil y sentí muchísima alegría al tomar esa decisión. Piensa, ¡cuánto pudieras lograr tú también!

5. *Persistir*

Finalmente, requerirá persistencia trabajar a través de tu propia "Rueda del Proceso Creativo". Tomará mucha repetición y algo de tiempo reemplazar tus creencias limitantes por otras que te sirvan mejor. Por tanto, practica continuamente con esta Fórmula *Inner Forte™* de 6 puntos para ajustar tu actitud y hacer que funcione a tu favor. Recuerda esto: ¡la mala actitud no te da altitud!

Poner a trabajar tu rueda *Inner Forte™* de una manera tan positiva es una parte muy importante para tu transformación. Tus deseos comienzan, claro está, en tu imaginación; al usar tu Proceso Creativo de forma proactiva, puedes crear los tipos de pensamientos y creencias que te empoderan para transformar estos deseos en realidad. ¡Esto, a su vez, te dará más confianza y fortaleza para avanzar a tu próximo nivel de reinvención!

> ## "Cada pensamiento es como una semilla, que solo puede crecer fuerte si tu mente proporciona el terreno fértil"

EL PODER DE ICA

Veamos más detalles sobre cómo crear las condiciones mentales adecuadas para reinventarnos.

Cada reinvención exitosa nace de las semillas de creencias, pensamientos, emociones y acciones. Por supuesto, las semillas no son suficientes, deben "alimentarse" con los ingredientes correctos para que se conviertan en "plantas" sanas y grandes.

¿Cómo creamos las condiciones adecuadas para que estas semillas crezcan y prosperen? He creado un acrónimo llamado "ICA", por sus siglas en inglés "Intention-Choice-Alignment" para hacerlo realmente simple. Las alimentamos con:

- *INTENCIÓN*
- *ELECCIÓN*
- *ALINEACIÓN*

Estos son los tres ingredientes que necesitas en tu vida para empoderarte, y de esa forma sigas en una nueva dirección que te entusiasme. Ahora, vamos a darle un vistazo más de cerca a estos ingredientes y veamos cómo podemos usarlos:

1. Intención

Somos nosotros quienes damos sentido a nuestros pensamientos. Si tu intención es progresar en la vida, entonces mantente enfocado en ese propósito e infunde tus pensamientos con la energía que llevará esa intención hacia adelante. Por otro lado, sin intención, si sigues cambiando de dirección y si por ejemplo te dices que no eres muy creativo, te encontrarás cerrando oportunidades para crear cambios en tu vida. La intención es primordial en tu forma de pensar.

2. Elección

¿Avanzas o retrocedes? ¿Expandes tu manera de pensar o la limitas? Puedes encontrar las respuestas en las elecciones mentales que haces. Necesitas desarrollar pensamientos que promuevan tus intenciones. Las elecciones correctas, hechas desde el amor crean un impacto positivo y aumentan el impulso. Las elecciones hechas desde el miedo o ansiedad generalmente te limitarán y retrasarán. La elección de qué pensar es tuya y solo tuya, ¡así que úsala bien!

Toma algo divertido y estimulante, como bailar. Hay quienes creen que nunca serán buenos y nunca lo intentarán. Y están aquellos que no saben... y siguen bailando hasta que lo averiguan. ¿Qué persona disfruta más la vida como resultado de sus elecciones? Sí, la que está dispuesta a explorar y descubrir de lo que son capaces. Así que, antes de rendirte, inténtalo.

3. Alineación

Cuando estás verdaderamente alineado con tus palabras, sueños y pensamientos, armonizas fácilmente y encuentras aceptación en todo lo que sucede a tu alrededor. Solo entonces puedes alinearte sin esfuerzo con nuevas oportunidades e identificar obstáculos, comprendiendo claramente cómo nuestras actitudes mentales abordan mejor ambas situaciones.

PROFECÍAS AUTOCUMPLIDAS

El escenario de baile que describí anteriormente puede utilizarse fácilmente para definir el concepto de profecías autocumplidas.

Si alguien que nunca bailó antes piensa que no puede ser un buen bailarín y no lo intenta... lógicamente, no podrá ser un buen bailarín.

Sin embargo, si alguien que piensa que puede ser un buen bailarín toma lecciones y continúa tomándolas... es probable que llegue a ser un buen bailarín.

En ambos casos finalmente, cumplieron sus propias profecías, pero *solo por la opinión que tenían de sí mismos.*

Las creencias funcionan de dos maneras. Pueden activar la manifestación de las fuerzas que dan vida o mantener las realidades actuales, negativas y limitadas. Como dije antes, lo importante es eliminar tus propias creencias limitantes, porque, con demasiada frecuencia, mutan en profecías negativas autocumplidas. No se debe a que esas ideas fueran ciertas en primer lugar, sino que motivaron la inacción o las acciones negativas que causaron que el resultado no deseado se hiciera realidad.

Este es solo un ejemplo de cómo nuestras creencias causan ciertos resultados que no tienen nada que ver con ninguna realidad, excepto la que tenemos en nuestras mentes. Y eso funciona en ambos sentidos.

Si tu manera de pensar tiene una actitud positiva hacia el logro, abordarás nuevos desafíos y, la mayoría de las veces, obtendrás resultados maravillosos por la disposición a arriesgarte. La realidad, tal como fue dicho por Henry Ford, es que: ¡Si crees que puedes o si crees que no puedes…tienes razón!

ADUÉÑATE DE TUS NUEVAS CREENCIAS
Anuncia tu Nuevo Yo

Para transformar tus nuevas creencias y verlas materializarse, mantente enfocado en ellas, afírmalas en voz alta, ¡y eso a su vez te llenará de pasión!

Por ejemplo, digamos que deseas reinventar tu carrera y abrirte paso para emprender un nuevo empleo. Mentalmente ponte en la posición de ya haberlo logrado y afirma en voz alta:

- "Yo (tu nombre) ahora estoy en un trabajo fabuloso que adoro y encima me pagan en abundancia".

Digamos que el área de las relaciones es tu enfoque para la reinvención. Afirma esto en voz alta:

- "Yo (tu nombre) disfruto ahora de la relación más sólida, apasionada y amorosa de mis sueños".

Quizás estás buscando aumentar tu autoconfianza. Esta es la creencia que debes afirmar:

• "Yo (tu nombre) tengo *AutoConfianza Absoluta*™ en mi propia capacidad para reinventar una vida próspera y de plena satisfacción".

Y si deseas alcanzar un mejor nivel de salud y vitalidad, afirma esto:

• "¡Yo (tu nombre) ahora estoy rejuveneciendo, sanando y regenerando todas las partes de mi amado cuerpo!"

Cuando te afirmas en las nuevas creencias que estás asumiendo, ellas adquieren más significado y más sustancia. ¡Observa el proceso de cómo esas creencias van ganando fuerza, y se materializan!

CREA TU NUEVA HISTORIA

En la misma línea, comienza a crear una narrativa nueva sobre quién eres y de lo que se trata tu vida o, en otras palabras, tu propósito.

Nuestras creencias y convicciones, todas tiene un gran impacto en cómo nos sentimos acerca de nosotros mismos y sobre lo que estemos dispuestos a explorar y a experimentar. Estas creencias y sentimientos están contenidos en nuestras propias narrativas, en las historias que creamos internamente para tratar de explicar dónde estamos en la vida y cómo llegamos allí.

Por lo general, cuando buscamos la reinvención, hay al menos algunas áreas de nuestra vida donde la historia que nos contamos no es muy buena ni nos favorece. Por eso, cuando eliminas las creencias limitantes, también necesitas reescribir esas historias que tienen una narrativa negativa en ellas.

A medida que reemplaces esas creencias antiguas por otras nuevas, escribe esa historia de una manera que refleje una comprensión mejor de tu pasado. Asegúrate de incluir en ella tus deseos más auténticos, pasión por la vida, un sentido de gratitud y entusiasmo, por la oportunidad increíble de reinventar tu vida, esta vez, desde tu *fuerza interior*.

Da vida a una historia que te motive, inspire, apasione y te llene con el poder de ser el nuevo héroe de tu vida. Esa historia, a su vez, abrirá puertas y te permitirá alcanzar tus objetivos.

LA MAGIA DE LA MEDITACIÓN PARA RELAJARTE Y REINVENTARTE

Otra herramienta maravillosa para transformar el pensamiento y dirigirlo hacia la reinvención es la práctica de la meditación. Meditar nos permite recuperar el control de nuestros pensamientos, así como procesar los cambios y las elecciones que se presentan a medida que avanzamos hacia nuestro éxito.

La meditación es especialmente importante cuando nos sentimos cansados, tensos y estresados. Allí es cuando nuestras mentes son más vulnerables a ser bombardeadas con todo tipo de toxicidad y negatividad. Nos imaginamos fácilmente lo peor que puede pasarnos, comenzamos a dudar de nuestras decisiones, nos preocupamos, nos estresamos y terminamos asumiendo esas malas y falsas proyecciones como nuestros resultados más probables. Perdemos el control de nuestras nuevas creencias y pensamientos positivos y retrocedemos a viejos patrones desfavorables.

Cuando esto sucede, necesitamos recuperar nuestro control. Es como estar atrapado en medio del océano, tragando agua y viendo olas enormes a punto de estrellarse contra nosotros, y de alguna manera tenemos que nadar para sobrevivir. La meditación es como esa balsa que nos da la fuerza para nadar y llegar a la orilla.

La meditación te permite relajarte y encaminar tu mente hacia la dirección correcta. Esta alinea tu cuerpo y mente llevándolos a un estado de paz en el que las posibilidades y las opciones positivas puedan fluir libremente en tu conciencia.

Te sentirás más relajado y esperanzado, y eso, a su vez, te hará más atractivo para otras personas. La gente disfruta de estar cerca de alguien que transmite positividad, equilibrio, serenidad y relajación. ¿Quién no?

Ahora que lo pienso, ¿quién no querría hacer de la meditación una parte regular de su estilo de vida? Una vez que la aprendes, es fácil de hacer y te da el poder de controlar cualquier estrés que estés sintiendo en tu vida. Y, sin embargo, muchas personas no la practican.

¡Hay una razón para eso!

Tu ego quiere que creas que no hay suficiente tiempo para relajarte y disfrutar tu vida. Te convence de que es una pérdida de tiempo, porque así es cómo te controla, manteniéndote en un estado constante de ansiedad y "prisa". Tiene miedo y te hace miedoso. Y es entonces cuando realmente pierdes el control de tu forma de pensar.

Comprende que eres tú, y no tu ego, quien controla tus elecciones. Cuando estás relajado y equilibrado, tu Yo Auténtico tiene el control pudiendo elegir cómo quiere responder ante el estrés y puede acceder a la tranquilidad de saber que no tiene que reaccionar automáticamente ante las provocaciones y molestias de los demás. La meditación te da la llave para acceder a tu Yo Auténtico y hacer posible una relajación completa.

Cuando notes que tu ego encuentra todas las excusas para evitar la meditación y la relajación, está en tu poder rechazar ese mensaje negativo. Simplemente afirma:

- "Yo merezco relajarme".
- "Es **MI TIEMPO**" para rejuvenecerme y renovarme".
- "Cuanto más me renuevo y me relajo, más energía tengo para hacer las cosas que quiero hacer".

Recuérdate de cómo te beneficia la meditación para que le dediques tiempo, no importa cuán loco puede haber sido tu día; te alegrarás de haberlo hecho.

Solo tienes que decirte que está bien tomarse diariamente un tiempo para renovar la mente, vitalizar el cuerpo y rejuvenecer el espíritu.

INICIA TU PRÁCTICA DE MEDITACIÓN Y RELAJACIÓN

A través de la meditación dirigimos nuestros pensamientos estableciendo nuestro equilibrio interno y la relajación nos libera de la tensión y la ansiedad, restaurando en nosotros un estado de calma y tranquilidad.

Hay muchas maneras de meditar y relajarse, cómo ejercitar nuestros cuerpos, caminar, disfrutar tiempo en la naturaleza. También hay otras pequeñas cosas que puedes hacer para inducir un estado de ánimo relajado, como apagar las luces y usar velas en su lugar, o tocar música suave a un volumen bajo y enfocarse en cosas gratificantes e inspiradoras. Lo que sea que funcione para ti, asegúrate de hacerlo parte de tu agenda diciéndote (y dejándolo claro para los demás) que este es tu tiempo. Tu tiempo de solitud para restaurar la mente y renovar el espíritu.

En mi trabajo ayudando y enseñando a otros cómo meditar y relajarse, mis clientes y estudiantes a menudo me cuentan de cómo luchan por la noche con el sueño. Me dicen que dormían un rato, pero despertaban después de un par de horas. Les tomaba tiempo volver a dormir y cuando despertaban al día siguiente, ¡a menudo se sentían tan cansados, como si nunca se hubiesen acostado!

Por eso siempre recomiendo relajarse antes de ir a la cama.

Relajarse de esta forma, puede ser tan simple como considerar todo por lo que te sientes agradecido en la vida, o encontrar lo positivo en el día que acabas de vivir. Incluso, puedes considerar cómo disfrutar y aprovechar de la mejor manera las posibilidades del día siguiente, para que puedas pasar la noche esperando con emoción el día nuevo que se avecina.

Al mismo tiempo, es contraproducente obsesionarse interminablemente por un día difícil que podrías haber tenido o uno que podría surgir. En lugar de eso, permítete soltar las preocupaciones y concéntrate en que todo va a funcionar de lo mejor, de cualquier manera que suceda.

Ser optimista y positivo te ayudará a dormir con sueños dulces y relajantes y te acercará a tus metas con alegría y relajación, en lugar de vivir con ansiedad y estrés.

El Poder para Reinventar tu vida requiere reprogramar tu sistema de creencias y motivar tu mente subconsciente para que elimine pensamientos negativos de forma más rápida y efectiva. Yo comparto los puntos de vista de muchos estudios científicos que demuestran que la meditación es uno de los mejores medios para este fin.

Una regla que he repetido muchas veces en mi vida, tanto para mí como para los demás, es esta: *"si no te nutres en tu interior encontrarás vacío en el exterior"* y lo contrario también es cierto. *"Si te nutres en tu interior, lo tendrás todo en el exterior"* Esta es una filosofía de vida que funciona y que he comprobado una y otra vez.

Los regalos de armonía, paz, serenidad, equilibrio, y alegría duradera provienen todos, de adentro, de tu *Inner Forte™*. Cuando no nos tomamos el tiempo para conectarnos con esa fuerza interior, tratamos de satisfacer nuestras necesidades a través de otras personas, alimentos, drogas o cualquier otra cosa que podamos encontrar que nos dé esa sensación de "estar bien" y completos.

Cuando oramos y meditamos, la puerta de entrada a los dones del espíritu se abre. No importa cómo el ego quiera evitar que te relajes, no tienes que rendirte. Mantén tu determinación y continúa desarrollando de manera proactiva el hábito de la meditación y la relajación. ¡Mereces (y necesitas) ese tiempo libre para relajarte y así disfrutar de la vida!

Si no estás acostumbrado a tener este tipo de hábito, tendrás que asegurarte de arraigarlo para que te sirva en tu vida cotidiana.

Me imagino que muchos de ustedes, que leen este libro, quizás no estén muy seguros de cómo meditar de forma efectiva.

Por esa razón he creado un recurso que puedes utilizar, este te ayudará a comenzar a meditar y a cosechar sus efectos de sentirte cómodo y relajado. Un CD de audio de **meditación guiada titulado *"Relájate y Reinvéntate"*** que te ayudará a relajarte, y específicamente a enfocarte en ti para que puedas cosechar las recompensas de la reinvención descritas en este libro.

Para obtener una copia, visita: **www.innerforte.com/meditations**

7 Estrategias para Impulsar y Mantener una Mente Positiva

1. Cree en ti

Creer en ti es un prerrequisito para llenar tu mente de positividad. Elije pensamientos de armonía, de triunfo, de amor y de confianza. Hacer esto es más fácil cuando sabes que tu potencial es ilimitado. Cada ser humano tiene un suministro inagotable de energía para su transformación. Cuando reinventas tus relaciones amorosas, tus finanzas, tu salud o cualquier otro aspecto, extraes de esta ilimitada *"Fortaleza interna"*, y tu creencia en ti se vuelve inquebrantable.

2. Permanece educable

Para ampliar continuamente el alcance de las posibilidades para mejorarte y utilizar tu capacidad intelectual para tu beneficio, permanece abierto a aprender y continúa educándote, aunque ya no estés en la escuela como la conocemos. Lee más. Afina tus habilidades de concentración y cambia la rigidez por apertura de pensamiento para que escuches las posibilidades en todo y en todos. Reconoce que tus mejores respuestas pueden provenir de los lugares más inesperados.

3. Despeja tu mente

Saca lo inútil de tu mente para que puedas liberar el espacio y entre lo positivo en forma de ideas frescas, aportes y nuevos crecimientos. Debes estar dispuesto a perfeccionar los buenos hábitos y deshacerte de los malos. Para poner en práctica esta estrategia la meditación y la relajación son herramientas excelentes.

4. ¡Lo mejor aún está por venir!

Se optimista. Cultiva pensamientos positivos como éstos, que aumentan la fe en ti. ¡Confía en que las cosas buenas están reservadas para ti, que lo mejor aún está por venir! Cree en la bondad con que nos llena El Universo, y en tu capacidad innata para recibir esa bondad. Rodéate de otros triunfadores en las áreas en las que deseas sobresalir para impulsar y apoyar tu propia manera de pensar ganadora.

5. Desarrolla una manera de pensar generosa

Uno de los increíbles regalos que vienen con la reinvención exitosa es que de repente experimentas una inmensa gratitud por quién eres y lo que has logrado. Si te permites verdaderamente asumir este nuevo estado armonioso de gratitud, desarrollarás una manera de pensar generosa.

Dar tiempo, dinero, una sonrisa, reconocimiento, cumplidos, amor, un abrazo, felicidad, ánimo, son ejemplos de formas positivas de llenar tu mente de pensamientos abundantes y generosos. Con esta forma de pensar comprenderás la Ley Universal de que: "Cuánto más das, más recibes".

6. Rechaza las limitaciones personales

Rechaza las voces que te dicen que no es posible. No les creas a esas personas que te dicen que "no se puede". Al contrario, escucha a los que te animan, te dan esperanza, entusiasmo y te convencen de tu capacidad de creer en ti. Sabes que los pensamientos no son realidad. Cuando experimentas pensamientos negativos y los aceptas inmediatamente como profecía, tropezarás en tu camino de reinvención.

Por tanto, ten en cuenta que tus pensamientos son solo eso - pensamientos. Diseñados para ser transformados, de la misma manera que lo hiciste con tus creencias obsoletas, cambiándolas en creencias positivas.

7. Promueve una actitud positiva

Una actitud positiva aumenta tu magnetismo y atrae a las personas adecuadas a tu lado, del mismo modo que las abejas se sienten atraídas por el néctar.

Promueve una disposición feliz, jubilosa y radiante y así harás que tu reinvención sea agradable y entusiasta. Más que cualquier otra cosa en el mundo, una actitud optimista y alegre es tu mayor activo para permanecer motivado mientras desarrollas

las habilidades, experiencia y talentos que necesitarás para que ocurra la transformación.

Con una mente positiva irás al siguiente paso confiando y sabiendo que... Lograrás lo que necesitas para reinventar tu vida exitosamente.

¡Confía en ti!
¡Cree... que todas las respuestas que necesitas ya han sido colocadas estratégicamente dentro de TI!

CAPÍTULO 4

Confiar en Ti
(¡Tienes lo que Necesitas!)

"Un Pájaro Posado en un Árbol No Teme que se Rompa la Rama porque su Confianza no Está en la Rama, sino en sus Propias Alas".
Fuente desconocida

Creer en ti, en que tienes lo que necesitas para lograr tus aspiraciones, aumentará tu autoconfianza, es clave para impulsar tu proceso de reinvención en cualquier área que te propongas.

Descubrir cómo confiar en ti y creer que tienes lo que necesitas para crear la vida que deseas, es uno de los desafíos cruciales que debemos conquistar en el trayecto de nuestras vidas. Incluso, cuando hayamos alcanzado cierto nivel de autoconfianza y realizado algunos logros, podemos admitir que cuando se trata de confiar en nosotros mismos, siempre hay un gran margen para crecer en esta área tan importante. Lo mismo sucede con sus compañeros, el amor propio y el desarrollo personal, siempre hay más que aprender.

Con la confianza en ti te sientes empoderado para progresar de manera exponencial en tu trabajo, salud, riqueza, amor y en todas las demás áreas, llegando más allá de lo que creíste posible, porque esa fe en ti va creciendo hasta llegar al punto en que no te importa lo que otros piensen de ti, y por ende no permites que nadie te impida realizar tu destino.

La autoconfianza nos permite escuchar y confiar en nuestra voz interior. Muy a menudo, nos han dicho que confiemos en los demás, especialmente en aquellos con autoridad, pero rara vez nos han enseñado a confiar en nuestras decisiones, nuestros sueños, nuestras capacidades, nuestras fortalezas, nuestra prudencia, nuestra conciencia, ni siquiera en la gran la sabiduría de El Universo. Sin autoconfianza, solo nos quedan dudas e inseguridad como contrapartes durante el recorrido de nuestra vida.

Sí, aún sin confianza puedes lograr algo. Es posible que tengas un cierto talento o una conexión influyente para abrirte oportunidades, pero sin una base sólida de confianza en ti, tus logros no son duraderos, las dudas pueden alcanzarte y hacer que: te llenes de inseguridad, cuestiones tus buenas decisiones, sientas culpa y permanezcas paralizado, o en el mejor de los casos, hacerte postergar la realización de tus metas y sueños.

Por ello, confiar en ti, más que un deseo, es una necesidad, y obtener este rasgo de carácter, puede resultar ser tanto desafiante como emocionante para tu reinvención.

PERDER LA CONFIANZA
¿Por Qué Perdemos Autoconfianza en Primer Lugar?

Las cosas nos suceden a todos, enfrentamos situaciones negativas, decepciones y pérdidas. Esto puede ir reduciendo nuestra confianza, hasta que la duda, el miedo y la ansiedad se convierten en una parte predominante de nuestros hábitos mentales. Luego el juicio y la crítica deterioran el cómo nos percibimos a nosotros mismos, hasta llegar a cuestionar nuestro valor como seres humanos.

Ahí es cuando perdemos confianza en nosotros mismos y el ego interviene, montándonos en una montaña rusa emocional, convenciéndonos de que no somos suficientes, y peor aún, que no somos dignos. Pero esa es simplemente la forma que tu ego usa para controlarte, evitar que seas feliz y des lo mejor de ti. Para retomar el poder, tú, y no tu ego, lo que necesitas hacer… es ser más asertivo y eliminar la duda y sacar toda esa basura de la mente, porque nada de eso es verdad. La verdad es ésta…

Tu valor nunca debería estar en duda. *Tú eres digno solo porque eres tú. Todos nacemos para ser dignos, y nada de lo que hagamos o dejemos de hacer cambiará ese hecho inmutable.*

A medida que continúes tu trayectoria hacia la reinvención personal o laboral, hay una creencia importante que asumir: *la transformación, el progreso y la evolución* son *posibles para ti.* Tu éxito será fluido y natural cuando comiences a confiar y seguir la guía de tu Yo Real y te permitas creer en todas las posibilidades a pesar de los fracasos pasados o el miedo; porque siempre… puedes cabalgar sobre las alas de ese espíritu indomable que vive dentro de ti.

La naturaleza es una gran maestra de confianza. Piensa en el ejemplo de mi cita inicial: *Un pájaro posado en un árbol no teme que se rompa la rama porque la confianza no está en la rama, sino en sus propias alas.*

De igual manera cuando el camino de la reinvención se torne rocoso y te enfrentes a los temores, fracasos, vulnerabilidades o a lo desconocido, sigue hacia delante. Justo en esos momentos de prueba, decide creer más en ti, y confiar en ese Gran Poder del Universo cuya inspiración y fuerza fluyen a través de ti llenándote de confianza y valor. Además, cree en aquellos que te aman y te apoyan, y en quienes te enseñan a volar con tus propias alas.

Con esta fe, tus esfuerzos siempre funcionarán para lo mejor; las respuestas que buscas vendrán, y comenzarás a resolver situaciones, con resultados sorprendentes.

Entonces, atrévete a CREER en tus habilidades para navegar en las aguas en las que estés. Si no lo haces, nadie más lo hará por ti. En palabras de *Mikhail Baryshnikov, uno de los bailarines más increíbles de todos los tiempos:*

> "No trato de bailar mejor que nadie,
> solo trato de bailar mejor que yo".

Ahora que has creado una mentalidad positiva, de confianza, que te empodera para avanzar, continuaremos aprendiendo a utilizar ambos lados del cerebro para aprovechar las diferentes energías con que contamos y así continuar reinventando nuestra vida al máximo.

INTUICIÓN
Lado Izquierdo vs. Lado Derecho de la Función Cerebral

Según los científicos, nuestro cerebro tiene dos hemisferios separados que funcionan de maneras muy diferentes. El lado izquierdo del cerebro es más organizado y sistemático. El lado derecho del cerebro es más creativo e intuitivo.

Mi primo es ingeniero y constructor conceptual; eso significa que pasa la mayor parte de sus horas de trabajo con el lado izquierdo de su cerebro ocupado. Puede tomar fácilmente los planos de un edificio, estudiarlos, hacer los cambios necesarios y crear un plano práctico para la estructura, que además incluya todos los detalles necesarios.

Yo soy lo opuesto. Mi trabajo es organizado, sistematizado, pero no soy tan estructurada en mis esfuerzos. Mi instinto es hacer dibujos, seguir el ritmo de las cosas y tomar decisiones que van más allá de ser prácticas. Además de saber, necesito sentir, que lo que hago es lo *correcto*.

A través de los años, para obtener el equilibrio, me di a la tarea de ejercitar el lado izquierdo de mis habilidades cerebrales, mientras que mi primo, por otro lado, se enfocó y trabajó más en el lado derecho de su cerebro, porque conocemos el potencial de nuestra mente, y queremos fortalecer nuestras áreas más débiles. Hacemos esto porque sabemos que integrar las cualidades de ambos lados de nuestros cerebros nos hace más poderosos, capaces y completos.

¡Y eso a su vez aumenta la autoconfianza!

El lado izquierdo de tu cerebro controla predominantemente tu mente lógica. Durante tu reinvención, esta parte de tu cerebro te ayudará a analizar una situación, a evaluar lógicamente diferentes posibilidades y resultados, y a planificar un curso de acción racional. Pero eso no es suficiente. Sí, es crucial para ser exitoso en tu reinvención tener un plan de acción bien estructurado, pero necesitas algo más...

Para llevar tu reinvención al siguiente nivel, es imprescindible involucrar el lado derecho de tu cerebro, ya que es allí donde la intuición y la magia transformadora se hacen posibles. Esa mitad de tu cerebro controla las funciones abstractas de tu mente. Tus centros de intuición y confianza están ubicados allí y te brindan una guía invisible que te sirve de brújula interna para orientarte en las direcciones correctas.

En palabras de Henri Poincaré, una de las mentes científicas más importantes del siglo XIX: *"Es a través de la ciencia que comprobamos, pero a través de la intuición descubrimos".*

Esas facultades intuitivas provienen de tu *Inner Forte*™, al usarlas aumentan las opciones y...

- Fluyes más fácil y positivamente
- Actúas desde un espacio de inspiración
- Expandes tu visión y tienes una perspectiva más amplia
- Eres más creativo y confías en tus corazonadas
- Ves con más claridad y eres guiado hacia tu destino
- Afinas tu sentido de intuición y permites que lidere.
- Confías en tu visión de reinvención, aunque no se haya manifestado físicamente... todavía.

LA COMBINACIÓN MÁGICA

Un equilibrio de opuestos es lo que crea armonía y nos hace completos. Tanto las cosas espirituales como las físicas de la vida son aspectos importantes de tu travesía de reinvención. Cada una tiene algo para contribuir y empoderar tu nuevo yo.

En pocas palabras, una fuerza es el polo positivo mientras que la otra es el polo negativo. Considera la simple noción de frío y calor, donde la combinación de ambos produce una deliciosa calidez. O el ejemplo de quietud y movimiento, donde uno contempla posibilidades mientras que el otro entra en acción. ¡Los dos se complementan y trabajan mano a mano para producir energía positiva!

Cuando estos dos poderosos jugadores se combinan, los lados derecho e izquierdo del cerebro, de esa unión brotan las mejores virtudes del corazón y la mente, juntos crean una conexión sólida que los alinea a ambos en sus esfuerzos. Esto nos permite convertirnos en receptores del poco común, "don de la sabiduría" que nos dirige desde nuestro interior.

En consecuencia, el lado derecho del cerebro te guiará

intuitivamente para protegerte de los peligros e indicar sabiamente qué camino tomar en cada encrucijada de tu reinvención. Mientras que, al mismo tiempo, tu lado izquierdo del cerebro se encargará de traducir esta sabiduría, a veces abstracta, en una realidad con la que puedes lidiar a un nivel práctico.

Sin esta profunda conexión dual, el ego puede interponerse fácilmente en tus planes de reinvención, porque con demasiada frecuencia usa la duda y el miedo en un esfuerzo equivocado para protegerse de cualquier tipo de crecimiento. Incluso puede impedirte hacer cosas que terminarían trayéndote una alegría duradera.

Al afinar y desarrollar ambos lados del cerebro, como fue explicado, activas tu *Inner Forte™*, la fuerza mental que te permite ver más claramente el propósito subyacente de cada situación. Comprenderás lo que realmente eres capaz de lograr porque ésta te dirige hacia tus mejores elecciones, llenándote con la convicción de que tienes dentro de ti lo necesario para superar cualquier desafío y acercándote cada vez más a tu verdadero destino.

> "Confía en tu intuición y en tu corazón, y serás guiado a lograr cosas que nunca creíste posibles."

CONFÍA EN TI POR ENCIMA DE TODOS LOS DEMÁS

Por supuesto, los desafíos o puntos de crisis durante la reinvención son naturales, puesto que: *¡cada punto de crisis trae consigo un regalo para ti!*

Sin embargo, para poder obtener ese regalo, es necesario que confíes. Confía en el proceso, confía en el viaje, confía en aquellos que El Universo pone en tu camino para que te ayuden, y para que tú les ayudes a ellos, y sobre todo ¡confía en ti, sabiendo que tienes "El Poder para Reinventar tu Vida"!

Curiosamente, la palabra "crisis" en chino está compuesta por dos caracteres, que significan "peligro" y "oportunidad", respectivamente.

Cuando te encuentras en una encrucijada difícil, pasando por una crisis, es precisamente allí el momento de amarte un poco más, nutrirte mejor, apoyarte y sobre todo *confiar en ti mismo*, incluso si el resultado de la situación es desconocido para ti. Esto es parte del gran misterio de la vida.

Usar las capacidades analíticas del lado izquierdo del cerebro para planear y discernir, la dirección a seguir es importante, y es igual de esencial entender que no todos los detalles deben ser analizados en exceso ni sobrecargados con infinitas explicaciones, pensamiento excesivo o lógica. Pueden suceder cosas asombrosas cuando simplemente dejas ir, sueltas la necesidad de controlarlo todo, y permites que tu brújula interna guíe tu curso.

La fe y la confianza, por otro lado, son funciones intuitivas. Aquí es donde sucede la magia en tu vida. Este es el reino de lo imposible que se vuelve posible, el reino de manifestar sin esfuerzo todo lo que quieres reinventar.

¿Alguna vez has tenido que tomar una decisión y sentiste que necesitabas el consejo de todos a tu alrededor para tomar la "decisión correcta"?

Imagínate lo maravilloso que sería ya no tener que preguntarle a la gente a tu alrededor qué deberías o no hacer, cada vez que enfrentas un desafío o una decisión difícil... y evitarte tener que descifrar todos los consejos recibidos y darles sentido.

¿Ves la importancia de confiar en ti? Aquí es cuando aprender a confiar en ti se vuelve crucial. Nadie conoce tus circunstancias como tú. Nadie te conoce como tú mismo. ¡Eres el mejor equipado para hacer tus propias elecciones! (claro que puedes considerar la opinión de alguien de tu confianza antes de decidir).

Probablemente has tenido fuertes presentimientos sobre lo que deberías hacer en una situación desafiante. Pero puedes haberlos descartado al instante, pensando que de alguna manera están basados en fantasía, no en hechos. No lo están. Son parte de tu sistema de guía para reinventar tu vida. Por supuesto, debes escuchar esa guía y luego evaluar su validez.

La próxima vez que necesites orientación, tómalo como una oportunidad y practica de la siguiente forma: Comienza a poner atención, a escuchar lo que dicta tu intuición, y a confiar en ti. Luego, observa cómo esa misma fe, y el creer en ti, despiertan esa sabiduría interna, que te guía y empodera tu corazón, dirigiendo tu camino hacia el destino que te corresponde.

CONECTANDO CON TU INTUICIÓN

Si te resulta difícil ejercitar tus habilidades del cerebro abstracto y confiar en tu sabiduría intuitiva, aquí hay algunas simples pero poderosas ideas que justamente te ayudarán a desarrollarla:

- **Empieza de a poco**.

  Escucha música, baila, dibuja, toma una caminata en una nueva dirección, inventa una canción y cántala en voz alta; Cualquier ráfaga pequeña e imprevista de creatividad espontánea, mejora tu intuición.

- **No lo pienses demasiado, solo hazlo**.

  Cuando enfrentas una decisión, tu intuición puede llevarte en una dirección, así que no la descartes, escúchala. Entonces decide o no, seguirla. La intuición está profundamente arraigada en el lado derecho de tu cerebro y casi siempre es confiable.

- **Suelta el control y permítete fluir**.

  Abandona tus actividades habituales por un día, una semana o un fin de semana. Ve a donde te lleven las circunstancias, muévete fuera de tu zona de confort y limita tu respuesta racional. La espontaneidad proviene del lado derecho de tu cerebro y, a menudo, te revela y te propone oportunidades no tangibles que tu intuición automáticamente entiende.

CONFÍA EN TUS SUEÑOS, CONFÍA EN TI

En tu vida diaria, a menudo sientes esos deseos que quisieras alcanzar. Este anhelo es generado por tu mente intuitiva.

> "La confianza en ti es un ingrediente secreto para reinventar tus relaciones y reactivar una nueva vida."

Una vez que puedes acceder a esa intuición y aprendes a confiar en esos mensajes, entonces es más fácil confiar en tus sueños, especialmente cuando te llaman incesantemente, a lo largo de los años. Es posible que hayas dejado de escucharlos, pero siempre estarán contigo, esperando pacientemente que les respondas y les ayudes a actualizarlos y materializarlos.

Estos sueños se te otorgan específicamente para que seas quien estás destinado a ser. Son tuyos, no de alguien más, y los tienes porque se te dio la capacidad de alcanzarlos. ¡Confía en que tienes lo necesario para dar vida a tus sueños!

El nivel de éxito que alcances al reinventar tu vida es un resultado directo de cuán positivo eres contigo mismo y cómo te sientes acerca de tus esfuerzos. ¿Te apruebas o te criticas cuando no se dan las cosas, o te dices, estoy satisfecha porque es lo mejor de mí? Cuanto más confías ti, más magnetismo y pasión infundirás a cada sueño que tengas en todas las áreas de vida que deseas transformar.

¡Piensa en lo que ya podrías haber logrado con tu vida si hubieras confiado más en ti cuando eras más joven! ¿Cuántas oportunidades has perdido, solo porque no creías lo suficiente en ti?

Con eso en mente, imagina cómo el tener Autoconfianza Absoluta™ en tus sueños, podría agregar entusiasmo y placer a tu reinvención.

Imagina cuán increíble sería tu carrera o tu negocio. Piensa cómo mejorarían tus relaciones personales. Considera cuán abundante y plena sería tu trayectoria de vida, al tener el más alto nivel de confianza en quién eres y en lo que puedes hacer.

Cada uno tiene su propia historia de cómo su falta de autoestima le limitó en un área u otra en el pasado. Lo que causa una gran insatisfacción, porque hay un costo por esa falta de autoconfianza. Pueden quedar sentimientos de remordimiento por logros que nunca se alcanzaron o relaciones deseadas que nunca se dieron. A menudo nos bloqueamos y no nos atrevemos a tomar acción por la falta de confianza en nuestra personalidad, nuestra capacidad y nuestro atractivo físico.

Lo sé porque, tristemente, he visto tanto talento, sabiduría y oportunidades desperdiciadas o demoradas, no por falta de deseo o incluso de impulso, sino porque les faltaba ese atributo crucial: *Fe* en sí mismo. Como compartí antes, una vez estuve allí. Por ese motivo, este es un tema tan querido para mí, y porque soy una firme creyente de que para que cualquier tipo de reinvención tenga éxito, es clave desarrollar la autoconfianza y poner tu fe absoluta en El Poder del Universo, sin importar lo que haya afectado tu vida anteriormente.

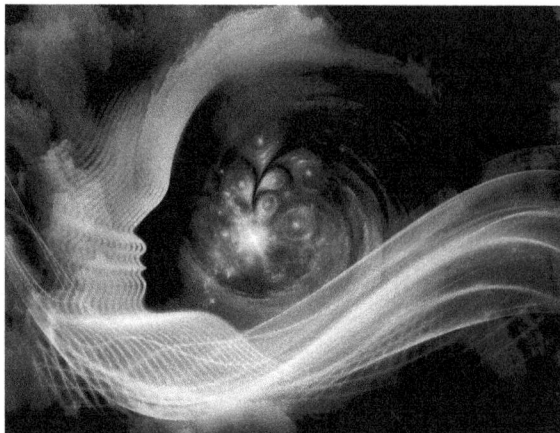

Recuerda, no eres definido por lo que sucedió en el pasado porque la transformación y el cambio son constantes ¡Eres definido por, en quién te estás convirtiendo en el ahora!

Por tanto, no mires atrás. Mantente enfocado en la dirección adonde quieres estar. Sigue aprendiendo el arte de confiar en ti, y esto, ¡ayudará a crear los mejores resultados en el aquí y el ahora!

LA AUTOCONFIANZA DE RITA LO CAMBIÓ TODO
(Caso de estudio 2)

No siempre es fácil superar una baja autoestima y reemplazarla con un alto nivel de autoconfianza. Pero no te desanimes, vale el esfuerzo, porque, como tal verás en la historia de Rita cuando lo logres, finalmente te estimulará a encontrar más satisfacción en todo lo que hagas en tu vida.

A continuación, el caso de estudio que demuestra mi punto:

Rita, una las participantes de mi curso, llegó confundida y llena de dudas. Durante el seminario, notó que en el trabajo atraía al mismo tipo equivocado de socios comerciales, una y otra vez. El primero le robó dinero, el segundo se aprovechó de ella y no le restituyó en la misma medida. Descubrió que seguía atrayendo a estas personas, en parte, porque tenía una autoestima muy baja que atraía a quienes sabían que podían salirse con la suya, y hacerla aceptar cualquier cuento que ellos le dijeran.

Lo mismo sucedía en sus relaciones personales. Como sentía que no era "lo suficientemente buena", estaba dispuesta a aceptar lo inaceptable, solo para mantener una relación de cualquier tipo. Ella se sentía que carecía de la fuerza para valorarse a sí misma, por lo que, otros se aprovecharon de ella. Sin auto estima, simplemente estaba demasiado débil para decir "no" cuando más lo necesitaba.

Solo después de aumentar el amor y la confianza en sí misma, las cosas empezaron a cambiar, y estas situaciones de desigualdad y el trato abusivo por parte de otros se terminaron y hasta su salud comenzó a reequilibrarse. Se encontró fortaleciendo su posición ante los demás, sin permitirles aprovecharse de ella. Ella encontró el valor para salir de su zona de confort y tomar los riesgos que finalmente la llevarían a alcanzar las metas que tan desesperadamente deseaba, y más importante aún, a sentirse por primera vez lo suficientemente cómoda para interactuar íntimamente con personas que la aprecian, honran y respetan. La confianza que Rita desarrolló, le dio autoestima y de esta forma logró forjar un nuevo destino.

Estos asombrosos resultados solo llegaron cuando ella integró 7 nuevos hábitos que aprendió en el curso, y que fueron la base para este cambio.

Voy a presentar mis 7 hábitos de *Inner Forte*™ para reinventar y reavivar tu Vida en la sección de *"Las Estrategias"* al final de este capítulo.

Persiguiendo estos hábitos, te encontrarás ganando confianza en ti hasta que puedas decir verdaderamente: ¡Yo *confío en mí mismo, Yo tengo todo lo que necesito para triunfar!*

El siguiente es otro ejemplo inusual de cómo persistencia y creencia en la reinvención permitió cosechar enormes beneficios. ¡Y esta vez se trata de la industria del cine!

La mayoría de ustedes, que están leyendo este libro, han oído hablar de George Lucas, principalmente porque creó una de las sagas del cine más exitosas y apasionantes de todos los tiempos, *Star Wars*.

Y sin embargo... él casi no consigue que su primera película fuera lanzada. En esa época, la ciencia ficción no era un género cinematográfico popular. Y aunque Lucas traía un gran éxito con su película taquillera, *American Graffiti*, estudio tras estudio le rechazó cuando él les llevó este extraño guion sobre pequeños robots que emitían pitidos y una gran criatura peluda llamada Chewbacca. Después de cuatro años escuchando solo "no", Lucas aún no estaba listo para darse por vencido, porque creía en este proyecto con toda su alma y corazón. Su intuición no lo dejaría abandonarlo.

"Confía en tu intuición y en tu corazón, y serás guiado a lograr cosas que nunca creíste posibles."

Finalmente, un ejecutivo de 20th Century Fox decidió tirar los dados, si Lucas podía hacer la película por el presupuesto correcto. Y, por supuesto, el resto es historia del cine. La trilogía original de *Star Wars* recaudó más de 2,4 mil millones de dólares desde su lanzamiento en 1977, y ahora, se están haciendo muchas más películas de la misma saga. Y es solo porque Lucas confió en sí mismo y en su habilidad, a pesar de rechazo tras rechazo, que su Star Wars Empire existe hasta el día de hoy.

La historia de Lucas (y la de tantas otras personas)

demuestra la idea central detrás de este capítulo: ¡confía en ti de una vez por todas, porque tú y solo tú tienes todo lo necesario para reinventar tu vida! Esta es tu travesía, es única para ti, y los regalos que resultarán de reinventarte y apasionarte de nuevo; solo tú puedes traerlos al mundo.

A medida que avances en la reinvención de tu vida, no hay duda de que enfrentarás desafíos. Ahora es el tiempo ideal para tomar el control y confiar en tu capacidad para mejorar tu mundo. Tú eres responsable del progreso que has realizado hasta ahora. ¡Te has ganado el derecho de confiar en ti!

7 Estrategias para Promover la Confianza en Ti Mismo

Los 7 hábitos de *Inner Forte*™ para reinventar y reavivar tu vida son las mejores estrategias que te ayudarán a promover la confianza en ti, en tu negocio y en todas las áreas de tu vida.

1. Evita la comparación con los demás

Por un momento, imagina tu vida como un jardín. Puedes admirar el jardín de otro e incluso visitarlo de vez en cuando, pero su jardín no es igual o superior al tuyo. Confía en que sabes exactamente cuánto y con qué frecuencia regar tu propio jardín y permítete florecer bajo tu propia y única forma.

2. Acepta que eres suficiente

Nadie más podría haber caminado por el sendero que has caminado; tú sabes eso ahora. Confía en que esto es cierto mientras continúas el maravilloso recorrido de tu reinvención. Todos los días, afirma las siguientes palabras con plena convicción:

¡Soy suficiente, tengo suficiente, y hago lo suficiente!

3. Reconoce la perfección en tu proceso

La tendencia hacia el perfeccionismo puede llevar fácilmente a dudas y desaliento. Reconocer esto te permite disfrutar el proceso de reinvención y confiar en que el progreso que logras es suficiente y "perfecto".

4. Involucra todo tu ser

Tu cuerpo, mente y espíritu anhelan actividad y florecen con ella. Si adoptas el hábito de hacer ejercicios regularmente y ocupar tu mente en los asuntos de tu reinvención, continuarás aprendiendo de cada nueva experiencia y elevando tu espíritu cada día. Confía en que tu energía está mejor invertida cuando participas plenamente con todo tu ser.

5. Date el crédito por tus logros

Sé libre y generoso con los elogios que te das por cada triunfo mientras continúas tu reinvención. Ahora no es el momento de falsa humildad ni de menospreciarte. Estás navegando por un curso cuyo destino es el éxito; estás abriendo tu propio camino, tal y como deseas hacerlo. Reconoce que tienes "El Poder para Reinventar tu Vida" y confía en que tus logros son dignos de aprecio, festejo y reconocimiento.

6. Practica la autoaceptación y el perdón

Estás haciendo una travesía hacia lo desconocido; es probable que haya algunos tropiezos. No significa que no eres digno de confianza; es simplemente cómo funciona la vida. Acepta estos contratiempos como oportunidades para crecer y obtener sabiduría. Perdónate por tus errores y perdona a otros por cualquier decepción. Confía en que, a través de la aceptación y el perdón, tu camino hacia el éxito se abrirá y el bien te buscará a ti.

7. Reinventa tu narrativa personal

¿Cómo te cuentas tu historia? ¿Oyes la voz de tu mente repitiendo una historia de temor y dudas o la voz de tu corazón contándote una historia de autoconfianza? Sintonízate con la versión que cuenta tu corazón, pues el corazón conoce las lecciones que has aprendido, ve el progreso que has logrado y mantén viva la promesa de los maravillosos regalos de la reinvención.

Ahora que sabes cómo confiar en ti, continuaremos con el próximo paso de Confianza y Valentía...

CAPÍTULO 5

Armarse de Valor para Liberarse de los Tropiezos

"Mientras que la Pasión es el Fuego,
el Valor es la Fuerza que te Impulsa hacia tu Grandeza."

Yvonne Dayan

El valor es fácil definirlo, pero es más difícil explicarlo. Por definición, valor es la elección o disposición para enfrentar a lo que más le temes.

Simple, ¿verdad?

¡Pero trata de explicar lo que hace el valor, cómo se siente o qué debes hacer para apropiarte de él, y podrás descubrir que no es tan simple!

LA MANERA DE LA NATURALEZA

Como amante de la naturaleza, veo el bambú, uno de los principales ejemplos de resiliencia y valor.

Esta planta noble comienza su vida como un rizoma pequeño, no más grande que la palma de tu mano, plantado en un pedazo de tierra. Desde este humilde comienzo, el bambú se dispara, creciendo tan rápido como un metro por día, hasta 9 pies (3 metros) en un año. De una plantación pequeña, crecerá todo un bosque. Y cuando se corta, el bambú brotará nuevamente, haciendo caso omiso del filo del cuchillo que lo cortó.

Lo mismo pasa con el valor: una vez que se planta en el alma, crece rápida y poderosamente, extendiéndose hasta que es imparable. Con valor, incluso el fracaso más desmoralizante puede transformarse en una oportunidad para el crecimiento y la creación de un resultado positivo proveniente de una circunstancia negativa.

Lo que es cierto sobre el valor es que expande, libera y empodera a quienes lo adquieren y lo dominan adecuadamente. Con este propósito compartiré una historia sobre mi planta de bambú y 4 lecciones que aprendí a través de ella.

LA FORMA EN QUE LA NATURALEZA SE HACE INVENCIBLE

Recuerdo haber traído de Hawái un tipo raro de planta de bambú rojo e intentar plantarlo en mi patio trasero. Tenía todo tipo de problemas climáticos y ambientales y no veía signo alguno de crecimiento, por eso, después de varios intentos, estaba lista para abandonar el proyecto de una vez. Después de preguntar por todas partes, fui iluminada al aprender que: el requisito para que los brotes de bambú aparezcan en la superficie es que primero crezcan raíces profundas bajo tierra. Sabiendo esto, no me di por vencida, y esperé hasta que la tenaz planta finalmente brotó.

Estas son mis 4 poderosas lecciones aprendidas, que son

cruciales para impulsar la travesía de cualquier candidato que aspire a la reinvención.

1. Profundizar nuestras raíces

Al igual que el bambú, nosotros también requerimos profundizar nuestras raíces y construir el valor para que brote un resultado exitoso. La reinvención es un proceso; y necesitamos cultivar raíces, tanto de naturaleza material como espiritual. *Es importante profundizar antes poder alcanzar las alturas que queremos disfrutar en nuestras vidas y carreras.*

Nutrimos nuestras raíces metafóricas al eliminar sistemáticamente los pensamientos obsesivos llenos de duda y temor que nos agotan, en vez de eso, tenemos que llenar nuestras mentes con pensamientos positivos, frescos, productores de energía y ganadores que refuercen nuestro valor.

2. Perseverar

No te dejes engañar si el recuperar tu salud, crear más riqueza, renovar tus relaciones, o cualquier otra cosa que te esfuerces por conseguir, tiene algún retraso y no aparece inmediatamente. ¡No te rindas! Los resultados pueden ser lentos, porque pueden estar disimulados u ocultos por un tiempo, pero al igual que el bambú, puedes estar seguro de que tus raíces están creciendo y eventualmente aparecerán. Solo sigue avanzando hacia tus sueños con fe y perseverancia e inesperadamente… ¡serás sorprendido!

3. Pasito a Pasito

Requiere valor y persistencia el tomar pequeñas acciones deliberadas en la dirección correcta, todos los días. Aun cuando los medios nos bombardean constantemente con mensajes de "gratificación instantánea" y resultados inmediatos, al tratarse de un verdadero éxito en la vida, son las acciones pequeñas, firmes, constantes y habituales las que te acercarán a tus metas de reinvención. ¿Qué puedes hacer hoy para fortalecer tu valor?

4. Apariencias externas

El bambú nos enseña a no dejarnos engañar por las apariencias externas; lo que parece débil usualmente es fuerte, y lo opuesto también suele ser cierto. La fuerza del bambú proviene de su persistencia y su flexibilidad y no de la rigidez que aparenta. Mantenerte fuerte y flexible te hace irresistible.

> "La vida es como una planta. Si la nutres, florece. Si la descuidas se marchita".

Puede que no seas el más fuerte, el más grande o el más famoso, pero como el bambú, tienes tu propia luz interior. Siéntete orgulloso de lo que eres y atrévete a dejar que tus propios dones brillen. Ya sabes cuales son…

ERES MÁS GRANDE QUE TUS CIRCUNSTANCIAS… Y TROPIEZOS

Tiempos difíciles y retrocesos están destinados a suceder. Algunos serán simples de superar, pero otros pueden desviarte del camino.

En cualquier caso, harás maravillas una vez que aprendas cómo integrar en tu conciencia este poderoso principio para fortalecer tu valor:

Eres más grande que tus problemas.

Cuando adoptas esta actitud audaz, dejas de tenerle miedo a las dificultades y, en cambio, aprendes cómo usarlas para fortalecerte y a la vez enfocarte en esos maravillosos talentos que solo tú tienes y en los resultados que deseas expresar a través de tu reinvención.

Cada vez que surgen dificultades, haz lo que dice la vieja canción: "Levántate, sacúdete el polvo y arranca de nuevo". Permanece enfocado en lo que realmente deseas, y no permitas que los problemas te distraigan y te impidan alcanzar tu visión primordial; en su lugar, encuentra soluciones y posibilidades que te pondrán nuevamente en marcha.

Si tus objetivos son reinventar tu imagen, tu estado físico, tus relaciones, tu carrera o tu estilo de vida, siempre hay una opción para hacer las cosas bien, una vez que te atrevas a creer en tus sueños y tener la valentía de seguirlos.

Hay un dicho que reza: "Dios nunca nos da más de lo que podemos manejar". Eso es verdad. Incluso cuando sientes que tienes en tu plato más de lo que puedes asumir, simplemente significa que tienes la grandeza necesaria para vencer todas esas dificultades y el potencial para crecer por encima de ellas, y hacer que sucedan cosas increíbles, tanto para ti como para el resto de las personas en tu mundo.

Vivimos en un Universo Absolutamente Compasivo que nos asegura que cada uno de nosotros, individualmente, podemos manejar cualquier situación o dificultad que nos llegue. Puede que no siempre sientas este factor tranquilizador en tu vida, pero ahí está.

El hecho de que no podamos ver o sentir algo no significa que no existe. Solo mira hacia atrás en tu vida, y al conectar los puntos, descubrirás… que este delicado equilibrio siempre ha sido una realidad y que tu potencial de crecimiento está presente.

Cada obstáculo que enfrentas está ahí con un propósito: alejarte de donde estás y acercarte más a donde tu destino necesita que estés. Sin embargo, para permitir que ese proceso funcione, es importante que creas que es posible superar todas esas situaciones.

> "Cuántos más desafíos enfrentamos en la vida, más aumenta nuestro potencial para la Grandeza"

Para realmente creerlo, háblalo, afírmalo con valor, ahora: *Yo soy más grande que cualquier situación, más fuerte que cualquier dificultad, y más poderoso que cualquier problema.*

NO SON FALLAS, SOLO RETROALIMENTACIÓN

¡No hay un fracaso real, solo retroalimentación para conseguir "El Poder para Reinventar Tu Vida"!

Cada uno de nosotros ha experimentado fallas, obstáculos, dificultades a lo largo del camino de nuestras vidas que pueden hacer que parezca aterrador seguir tu trayectoria hacia la reinvención. Y, sin embargo, esos impedimentos te han preparado para emprender esta travesía.

Tal vez, has estado en un trabajo insatisfactorio por mucho tiempo, quizás has invertido demasiado en una relación con la persona equivocada, quizás la dieta no ha producido la forma física que esperabas. Cualquiera que sea el motivo, este tipo de desilusiones puede hacer que te sientas como si tu vida se repitiera, porque estás en un ciclo constante de hacer lo mismo, día tras día, sin una dirección o propósito real, o recompensa.

Si te suena familiar lo anterior, ¡Anímate! No estás encadenado a esos días que ya quedaron atrás. Sí, es cierto que podemos encontrarnos con tristeza, ira, miedo y dolor, pero simultáneamente encontramos amor, alegría, risa, sanación, compasión, aceptación y gratitud por todas las lecciones aprendidas.

Cada día descubrimos más acerca de nosotros mismos y recopilamos nueva información para renovar. Lo mejor de todo es entender que tu pasado no define tu futuro, sin embargo, es la base del valor que necesitarás para tu próxima aventura.

Gracias a esos supuestos fracasos, has adquirido la sabiduría que te ayudará a rediseñar el tipo de vida que deseas en esta etapa. Ahora estás mejor capacitado para cambiar los patrones que ya no sirven a tu propósito y elegir más sabiamente. Ahora puedes aprovechar las enseñanzas de tus experiencias pasadas para discernir sobre lo que necesitas cambiar y lo que debes soltar.

VALOR PARA PERDONAR
El Arte de Avanzar

Con cada desilusión nace una aspiración
y una nueva esperanza

La reinvención requiere aceptación y perdón de todas las decepciones y desilusiones del pasado. *Perdonar esas heridas* te permite soltar cualquier miedo o negatividad asociados a ellas. Una vez liberada esa energía negativa, quedas libre para *aprender las lecciones* más importantes que se desprenden de esas experiencias.

Aprender y adueñarte de esas lecciones es lo que te dará nueva esperanza y te ayudará a evitar cometer los mismos errores en los días por venir.

La aceptación y el perdón te otorgarán el valor para perseverar ante las dificultades futuras y alimentar tu poder para reinventar tu vida. Cuando tengas ganas de rendirte, o un tropiezo se interponga en tu recorrido, aquí te daré una formula efectiva para que recuperes tu valor y sigas adelante:

1. Aprende

Para aprender de tus errores, trata de comprender que todos fallamos. Acepta que el pasado ya pasó. Concéntrate en cualquier repercusión positiva de la situación. Tu receptividad al aprender de un error te da la capacidad para juzgar objetivamente y seguir adelante.

Considera cuáles recursos de los que posees son los que te sirvieron bien en aquellos momentos difíciles y cuáles otros también podrías usar en situaciones similares con buenos resultados.

2. Suéltalo, déjalo ir

También debes considerar de manera honesta los aspectos negativos de una situación. Si algo que hiciste fue la causa, toma nota, resuelve no cometer el mismo error y luego suéltalo, déjalo ir. Obsesionarte con lo que ya ha ocurrido (y que ya no puedes cambiar) simplemente te llenará de dudas y culpa que te impiden avanzar.

Es el momento de tomar la decisión de soltar y dejar ir el pasado, ¡Hazlo ahora! Cuando volteas a mirar atrás, no puedes mirar hacia adelante, así que date permiso para seguir.

3. ¡Avanza Ya!

Ahora lo importante es que avances hacia tu próxima meta, y lo hagas con decisión y valentía. Continúa aprendiendo de tus experiencias futuras.

Lo que sea que venga a ti de ahora en adelante. ¡Ten en cuenta que los tropiezos del pasado son ahora tus fortalezas para perseverar y triunfar mientras avanzas hacia la reinvención!

DESAFIANDO TUS "¿QUÉ PASA SI…?"

El obstáculo más grande que tenemos a la hora de tomar riesgos es el temor a fallar. Son esos "¿Qué pasa si…?" - "¿Qué pasa si no soy lo suficientemente bueno para hacer esto?" "¿Qué pasa si nadie me apoya en esto?" "¿Qué pasa si no puedo entender cómo hacer esto?"

Por favor, deja tus "¿Qué pasa si…?" en la puerta e inténtalo, sea lo que sea. Te debes a ti mismo el tomar los riesgos calculados correctos y el riesgo a fallar. Solo aprenderás de cada experiencia.

Puedes desinflar tus "¿Qué pasa si…?" que se atraviesan en tu camino cada vez que actúes con valor. Cuando eliges la valentía, el miedo no tiene más remedio que desaparecer. Por tanto, permite que tu corazón se llene de coraje, fortaleza y amor en lugar de permanecer vacío por el miedo.

Puede ser útil preguntarse una serie completamente diferente de "¿Qué pasa si…?".

Una tarde, estaba en un restaurante con unos colegas preparándome para una charla que iba a dar, tenía una idea clara sobre los temas que quería cubrir, pero primero, alguien me hizo una pregunta perspicaz: "¿Cómo empiezas a reinventarte? Estoy en gran necesidad de cambiar muchas áreas en mi vida, pero tengo miedo incluso de comenzar. ¿Qué pasa si no funciona?"

Allí estaba. Su "¿Qué pasa si…?" gigante. Yo pude ver que ella quedaría estancada si no elegía otra forma de ver su situación. Esas tres palabras poderosas pueden marcar la diferencia entre la postergación y el iniciar la acción, ¡dependiendo de cómo las uses!

Entonces, cambié el guion y le respondí diciendo: "Sí, ¿qué pasa si…?

¿Qué pasa si... superas tus expectativas?

¿Qué pasa si... logras un ascenso?

¿Qué pasa si... llegas a tu peso ideal y te sientes increíblemente espectacular?

¿Qué pasa si... te conectas con tu relación ideal?

¿Qué pasa si... tienes éxito en algo que siempre quisiste probar?"

El salón quedó súbitamente en silencio, mientras le preguntaba un ¿Qué pasa si...? más

¿Qué pasa si...funciona tan bien que dijeras "ojalá hubiera comenzado mucho antes?"

Pero ella todavía no estaba convencida. Regresó con el primer "Qué pasa si"...

"Pero ¿Qué pasa si fallo?"

"Bueno", le dije, "Entonces estarás en el mismo lugar en el que te encuentras hoy, excepto que mucho más sabia y con mucha más experiencia. Así que, incluso en el fracaso, ¡tienes éxito! ¡Y puedes aprender lo suficiente para intentar hacerlo bien la próxima vez! Aquí está el verdadero "¿Qué pasa si…?", necesitas preguntarte: "*¿Qué pasa si nunca lo intento?* ¿Realmente quieres dejar pasar la oportunidad de reinventar tu éxito y tu felicidad?"

De repente, los ojos de mis colegas brillaron con entusiasmo. Continuamos hablando y, al final de la noche, cada uno de ellos estaba ávido por actuar con valor renovado y abordar con confianza algunos de sus proyectos importantes, pero… olvidados; y estando dispuestos a permitirse la oportunidad de emprender una experiencia de reinvención, que los conduciría a despertar un nuevo nivel de incentivo para lograr sus éxitos y a descubrir, durante la travesía, una nueva faceta de su Yo Auténtico.

Cada uno de nosotros tiene valor en sus corazones. El secreto

para evocarlo es tener a alguien que pueda ayudarnos a desblo-
quearlo y empoderarnos para enfrentar nuestros miedos y hacer
las cosas que más nos atemorizan. En nuestros seminarios, las
personas crecen juntas, y todas se benefician gracias a que los
participantes sienten el apoyo y el amor en el salón, y el valor se
vuelve contagioso. Me encanta ver el cambio en los rostros de las
personas cuando esa transformación ocurre mágicamente.

DESINFLANDO TUS "YO NO PUEDO"

Además de esos "¿Qué pasa si…?" hay otras cosas que obstaculizan el logro de tus éxitos y de sentirte apasionado… ¿Con qué
frecuencia te has encontrado cuestionando tu capacidad para
tomar decisiones, tu potencial, tu nivel de aptitudes y talentos?
¿Con qué frecuencia te has sorprendido a ti mismo diciendo: "Es
solo que no soy lo suficientemente bueno? *No puedo*"

Sí, el "No puedo" es tan paralizante como el "¿Qué pasa
si…?". Es una forma de pensar que te frena de realmente progresar y llegar a tu próximo nivel de éxito.

Al poner fin a esos "Yo no puedo", cuando dejes de inven-
tar excusas y hagas los cambios que están pendientes desde hace
tanto tiempo, es el momento en que tomas control sobre tu vida.
Llamamos a eso *"recuperar tu poder"*. Cuando comprendes que
eres la única persona responsable por las consecuencias en tu
vida, allí es cuando puedes levantarte, tomar el control de quién
eres y crear los resultados que realmente deseas.

Cuando asumes tu poder y vives desde tu fuerza interior, te
colocas en una posición privilegiada para reinventar tu vida. Y
ese, amigo, es el momento decisivo en el que *florecerá* tu valor.

Para impulsar esta interesante fase de tu crecimiento, deja
de centrarte en tu debilidad y de cuestionarte a ti mismo. No

sigas involucrándote en un comportamiento autodestructivo. En su lugar, cambia a lo que se conoce como el "Enfoque de Fortalezas". Una alternativa mucho más amorosa y enérgica que te apoya para lograr las cosas que deseas en la vida y disfrutarlas.

EL ENFOQUE DE FORTALEZAS

Al usar este enfoque, reevalúas en qué fase te encuentras, descubres dónde están tus fortalezas y cómo aprovecharlas al máximo. Con este autoconocimiento, puedes usar esta información cada vez que necesites estimular tu autoestima, o para resolver las dificultades que puedan surgir durante tu experiencia de reinvención.

Para comenzar, acepta tu *Inner Forte™* (tu conjunto de fortalezas naturales) y enumera aquellas que agregan poder y le dan impulso a tu personalidad y te conectan con los demás. Esas pueden incluir atributos tales como: el encanto, la lealtad, la amabilidad, la aceptación, la calidez, la adaptabilidad, la perseverancia, el entusiasmo, una mente rápida, y un buen carácter. Al realizar esta autoevaluación te estarás centrando en tus fortalezas y comprenderás cómo te dan energía y te ayudan a mejorar continuamente.

Cuando te enfocas en tus fortalezas naturales, en lugar de obsesionarte con tus debilidades, das lugar a lo que te hace más poderoso, en vez de lo que te debilita y agota tu energía. Son ellas las que te ayudarán a alcanzar tu potencial en la vida.

Sí, es importante admitir tus debilidades y aceptarlas como parte tuya, y al mismo tiempo, mejorarlas para convertirlas en rasgos positivos. Esto también es parte de este proceso de reinvención.

Otro fenómeno interesante es que cuando te concentras en tus recursos y desarrollas tus fortalezas, tus debilidades tienden a mejorar más rápidamente, y como resultado, contribuyen a respaldarte en la búsqueda para realizar tu visión.

A menudo les digo a aquellos que se critican por sus inconsistencias que:

> "¡Las debilidades son realmente fortalezas que todavía no han encontrado la manera de brillar!"

ELIMINAR LAS INFLUENCIAS NEGATIVAS

No es fácil siempre bloquear por completo todo lo negativo porque forma parte de la vida. Sabemos que en el mundo hay gente controladora y envidiosa que pretende decirnos lo que podemos o no hacer y que se centran en nuestros errores y fallas, aparentemente en un intento por socavar por completo cualquier éxito que hayamos disfrutado. Ten en cuenta que esa actitud negativa no tiene nada que ver contigo. Es más acerca de ellos y de cómo manejan sus limitaciones y su necesidad de control.

No dejes que eso te afecte y desconéctate cuando otros intenten desalentarte. Tú tienes el control.

Cuando de logros se trata, las opiniones externas no tienen importancia. Al final del día, lo que marca la diferencia son: tus capacidades, tus aptitudes, tu conciencia de evolución, tu pasión por triunfar, tu contribución al mundo, lo que determinará tu éxito, y no lo que piensen los demás.

Aquí hay un vivo ejemplo de alguien que siguió su pasión. El Dr. Kenneth Jaffe, pasó 25 años como médico de familia en Park Slope, Brooklyn. A pesar de perder su estabilidad en el sistema de salud de Estados Unidos, abandonó su carrera lucrativa a la edad de 55 años y compró una granja. Ahora él cría ganado vacuno alimentado con pasto sin el uso de antibióticos u hormonas.

La reinvención del Dr. Jaffe lo forzó a enfrentar una vida nueva haciendo un trabajo del que no sabía nada, pero se negó a dejar que el miedo a lo desconocido y las opiniones de otras personas le impidieran intentarlo. El Dr. Jaffe terminó satisfecho por su trabajo en agricultura sostenible y está agradecido por su nueva vida. Él y otros agricultores en Catskills apoyan el programa de la "granja va a la escuela" y donan carne de res alimentada con pasto, a los niños desde el jardín de infantes hasta el 12° grado.

Emula la valentía del Dr. Jaffe y otros hombres y mujeres que se han embarcado en un viaje hacia lo desconocido. ¡Atrévete a asumir los riesgos necesarios para sobresalir en el camino de tu propia reinvención!

7 Estrategias para Armarte de Valor y Conquistar tus Miedos

Recuerda que el amor vence al miedo

El amarte a ti mismo, vence el miedo y aumenta la confianza en el futuro que estás reinventando. Corre hacia lo bueno que amas, pero que habías tenido miedo de intentarlo, y observa cómo desaparecen tus temores.

1. **Cultiva la fe que siempre engendra valor**

   Pide orientación y seguridad a El Poder Superior del Universo, y las recibirás a lo largo de tu sendero. Cuánto más cultives la fe en tu corazón, más valiente te sentirás frente a lo desconocido.

2. **Mantén tus sueños en tu corazón**

   Cree en los sueños que sientes más profundamente en ti, y que provienen de tu fuerza interior. La inspiración de esos sueños que provienen del corazón es lo suficientemente poderosa como para llevarte a manifestarlos.

3. **Sal de tu zona de confort**

   Mientras más te alejes de tu zona de confort, cuanto más evites el síndrome de "lo mismo de siempre", más rápido te liberarás de esos apegos que ya no necesitas y te sentirás más empoderado para seguir descubriendo nuevos niveles de pasión.

Prepárate para tomar nuevos riesgos, crecer en valor y ser libre para forjar el futuro que tienes por delante.

4. Adopta la filosofía del "Yo puedo"

Al decir "yo puedo", creer en ello, y alimentarte constantemente con pensamientos positivos, cambiarás tu forma de pensar y te sentirás valiente al entrar en acción. Aduéñate de tu nueva actitud y afirma siempre "yo sí puedo" y accede a ella diariamente; esto influenciará a la gente que te rodea y te traerá mucha prosperidad a lo largo de tu travesía.

5. Ten una actitud de Gratitud

Agradece por todo lo que tienes y todo lo que vendrá. Mantente en esta actitud de agradecimiento y eso te traerá aún más prosperidad y motivación.

6. Sé paciente

Sé paciente, las cosas buenas se hacen esperar, estás reinventando tu vida y eso no ocurre de la noche a la mañana o sin algunos tropiezos. Mantente firme, y continúa buscando el empuje que necesitas. ¿Recuerdas el bambú? ¡Tu propio progreso te sorprenderá!

7. Mantén el final de tu travesía en la vanguardia de tu mente

No pierdas de vista a dónde vas, mantén en la vanguardia de tu mente el resultado final de lo que deseas. Céntrate en tu propósito; anticipa la emoción y el placer que obtendrás, y el gran significado que estás creando en cada área de tu vida a lo largo del camino a la reinvención.

¡El valor repotencia tu **Creatividad**, la cual te espera en el próximo capítulo!

CAPÍTULO 6

Ser Creativo y Curioso para Explorar Nuevas Posibilidades

"¡Estás Aquí y Ya No Estás Más Allá! ¡Emociónate!"
Yvonne Dayan

Has llegado a la parte de tu aventura de reinvención, que solo tú puedes definir. Únicamente tú tienes las respuestas para lo que sucede ahora.

Considera este paso como una página en blanco que está esperando a que escribas el futuro de tu historia en ella. O tal vez una cueva oculta aún no descubierta por seres humanos. No hay texto preexistente para editar, ni una senda ya trazada para seguir. No, tú eres el autor aquí; eres el pionero. Abre tu mente a tu sentido innato de curiosidad y admiración. Mira el mundo a tu alrededor. ¿Puedes ver las posibilidades ilimitadas en él? Comienza con una mente clara y silenciosa. Está abierto a recibir ideas desde el espacio de tu interior, donde residen la curiosidad y el asombro. Deja que estos pensamientos fluyan libremente; no te limites a lo conocido. Tu curiosidad y creatividad te guiarán por una nueva e inédita experiencia en donde resplandecerás durante esta parte de tu reinvención.

¡Estás aquí! ¡Emociónate!

La inspiración es el lugar en tu travesía donde la pasión se enciende. Date permiso para ser curioso y creativo. Explora posibilidades que nunca antes habrías considerado, especialmente si sientes ansiedad al pensar en lo que vendrá después. Deja ir, suelta tus preocupaciones y disfruta cada elemento de esta parte de tu reinvención porque te lo has ganado.

VIAJAR LIVIANO
Abarcando el Mundo de las Posibilidades

Ya no llevas el exceso de equipaje de los tropiezos pasados, el miedo a los obstáculos o la duda en ti mismo. Debido a que ya has desempacado tanto en tu travesía que puedes viajar liviano.

Descubrirás que esto deja un espacio abierto dentro de ti. Usa esta libertad interna para explorar tu mundo de posibilidades. Estar abierto a las posibilidades es revitalizante. Es un reconocimiento de que no importa dónde te encuentres en la vida, no estás preso de tu circunstancia pasada o actual.

Vivir en el presente y explorar lo que es posible para ti ahora, te permite infundirle aventura, juego, entusiasmo y pasión a esta experiencia.

En este punto, tu exploración te hará buscar y probar cosas

diferentes para descubrir que encajan perfectamente con tu nuevo Yo. Es posible que no sepas si una solución determinada funcionará hasta que realmente la pruebes, así que ¡hazlo! Y cuando comiences a incursionar en un territorio nuevo, mantén el sentido aventurero. Hazlo divertido para que ese niño vibrante que está dentro de ti, lleno de curiosidad, vitalidad y maravilla, se sume a tus deseos.

Es el niño en ti lo que atrae los deseos de tu corazón. Permítete una actitud de curiosidad y sé cómo un explorador.

Cuando hablo de exploradores, no puedo dejar de pensar en el investigador submarino conocido internacionalmente, **Jacques Cousteau**. Mientras entrenaba para convertirse en piloto después de su paso por la academia naval, sufrió un grave accidente automovilístico que acabó con su carrera en la aviación. Mientras nadaba bajo el agua con sus lentes para bucear, tuvo una revelación impresionante: ¡era en el fondo del mar donde realmente se sentía en casa y en donde encajaba perfectamente!

> Cada momento es nuevo. Mantenernos presentes en el "ahora" nos ofrece nuevas oportunidades para el Empoderamiento, la Reinvención y la Renovación

Así comenzó su amor por el mar. En 1943, buscando una manera de explorar bajo los mares y quedarse sumergido por períodos más largos, se asoció con el ingeniero Emile Gagnan y desarrolló el equipo autónomo de respiración submarina denominado SCUBA, por sus siglas en inglés: Self-Contained Underwater Breathing Apparatus. En aquellos tiempos el mundo bajo el mar estaba abierto para todos, pero nadie se percató de ello; tal vez estos equipos nunca se hubieran creado si

Cousteau no hubiese estado motivado para descubrir su pasión por explorar el mar.

Por supuesto, muchos exploradores a lo largo de la historia ayudaron a definir nuestro mundo. **Cristóbal Colón** hizo su primer viaje a las Islas del Caribe en 1492. También hizo sus cuatro viajes pioneros a las Américas. **Jeanne Baré** fue la primera mujer en navegar alrededor del mundo, eso lo hizo en el siglo XVIII llevando a cabo investigación, recolección y descubrimiento de nuevas especies de plantas. **Marco Polo** realizó expediciones de vanguardia al continente asiático. Sus viajes y escritos ayudaron a abrir el Lejano Oriente a Europa. **Amelia Earhart** fue la primera mujer piloto en volar a través del Océano Atlántico. Earhart rompió el récord de altitud mundial para mujeres llegando a 14.000 pies (más de 4.200 m). Estableció nuevos estándares, abrió la vía a otras mujeres que querían volar y fundó la Organización Internacional de Mujeres Piloto. **Vasco de Gama** fue el primer europeo en llegar a la India por mar. De Gama realizó un viaje innovador a Calicut, India en 1498, viajando por el Cabo de Buena Esperanza en Sudáfrica.

Todos estos hombres y mujeres emprendieron viajes hacia lo desconocido. No tenían idea de lo que encontrarían. Y muchos de sus descubrimientos más importantes surgieron por pura casualidad. ¡Pero no habrían sucedido si estos exploradores no se hubieran embarcado en travesías con destinos muy… muy inciertos!

¿Quién sabe las maravillas que descubrirás en el tuyo?

Cuando aplicas un espíritu explorador a tu reinvención, encontrarás lo que estás buscando, o mejor aún quizás llegues a un destino diferente, totalmente sorprendente y encantador.

CREATIVIDAD: ¿QUÉ ES POSIBLE HOY?

Cualquier parte de ti puede convertirse en algo nuevo y maravilloso, simplemente por estar con la mente abierta. Muévete de posibilidad en posibilidad libre de excesos de equipaje y de cargas que no necesitas. Toma tus decisiones con soltura y confianza.

Explora las posibilidades con curiosidad y creatividad y harás de tu reinvención una eterna aventura

Lo más importante es seguir adelante, dando paso a la innovación y a la curiosidad. Estas son cualidades usuales en un niño que quizás has perdido de vista en tu vida adulta. Si es así, intenta encender de nuevo el espíritu que tenías cuando eras más joven, siente la inspiración, el asombro y la sorpresa y déjalos que bailen en tu corazón.

Intenta esto: Por un momento, permítete buscar el espíritu del *niño interior* que aún reside en ti.

¿Puedes recordar qué tan grande parecía el mundo cuando eras un niño, y cómo cada descubrimiento que hiciste te llenó de asombro e inspiración? Si puedes recuperar ese sentimiento y volver a familiarizarte con esas emociones, avivarás las llamas de tus pasiones y sentirás el poder de rejuvenecerte. Trae ese mismo espíritu para explorar nuevas formas de vida y trabajo, que te traigan alegría y satisfacción. Descubre formas inusuales de contribuir con el mundo que te rodea. Comienza por despertar tu curiosidad innata y preguntarte cómo puedes cambiar tu "status quo" e infundir nueva pasión a diferentes áreas de tu vida.

Ahora encontrarás mi lista de cosas "creativas" que podrías explorar...

- Investigar sobre otras carreras
- Mejorar los roles actuales
- Aprender más sobre tu ramo y el de otros
- Buscar redes profesionales o sociales alternativas
- Acrecentar tus finanzas
- Estar en forma
- Rehacer tu imagen
- Aumentar el entusiasmo en tu negocio
- Profundizar y mejorar tus relaciones
- Mejorar tu salud
- Comenzar una obra de caridad
- Dar o pedir un subsidio para comenzar un proyecto
- Comenzar un pasatiempo
- Aprender a bailar o a tocar un instrumento
- Tomar el tiempo para jugar, reír, amar y compartir con amigos
- Participar en el "arte de no hacer nada" por un día
- (¡Agrega tus propias categorías!)

En otras palabras, sal de tu rutina diaria y mírala como un observador interesado. Analiza tu vida de forma objetiva para ver cómo puedes aumentarle la luz y la alegría en este momento, esta vida es un lienzo en blanco donde puedes pintar el futuro que elijas. Acércate a ella con toda la pasión y la emoción de un niño en su cumpleaños. En ese día, todo es posible para ese niño: ¡el mundo de las oportunidades está abierto y la magia puede suceder…!

Confía en que el camino ideal se desarrollará ante ti. Solo tienes que estar dispuesto a dar ese primer paso. Hazte las siguientes dos preguntas para reactivar tu creatividad y explorar nuevas pasiones:

- Si el dinero no fuera un problema, ¿qué harías con tu vida?
- ¿Qué es lo más importante que te motiva a salir de la cama con entusiasmo todos los días? (Además del café)

Las respuestas pueden llevarte en algunas direcciones muy interesantes.

CÓMO LA PROSPERIDAD LE LLEGÓ A BOBBY
(Caso de estudio 3)

Mi amigo Bobby, llegó a mi curso insatisfecho y cansado de su vida laboral porque tenía que viajar constantemente al extranjero y todo el tiempo que podría haber gozado de su esposa, hijos y nietos se le esfumó y ya no lo podía recuperar.

Había llegado a su límite y no estaba dispuesto a cambiar ese precioso tiempo con su familia, por un salario, por lo que estaba considerando cambiar su carrera de 20 años. Pero al enfrentarse con la creativa idea de construir su propio negocio desde casa, la duda y el miedo le invadieron porque a él sus padres le habían enseñado que debía ser siempre "responsable" de mantener un trabajo estable, con una cuenta de pago y jubilación, o arriesgaba todo su futuro financiero. La sola idea de trabajar por cuenta propia desde casa, lo hacía sentir como si estuviera caminando sobre una cuerda floja sin red.

Con el entrenamiento y las recomendaciones que le dimos a Bobby, él se llenó de nueva energía. Porque por primera vez en años, estaba entusiasmado con la idea de construir su propio negocio desde cero, y eso reavivó el fuego en él.

Entre otras cosas le enseñamos a trazarse metas a corto, mediano y largo plazo… y a cumplirlas gradualmente. A establecer algunos objetivos realmente pequeños y a celebrar con la familia al conquistar cada hito. Toda su familia terminó apoyándolo, por lo que todos juntos monitorearon su progreso y sus reveses y comenzó a construir victorias que todos ellos disfrutarían juntos.

Su primera victoria, una vez que alcanzó su primer objetivo financiero, la celebró llevando la familia en un crucero de fin de semana. Su esposa obtuvo la atención que necesitaba, los niños pudieron divertirse, y eso, a su vez, lo animó a seguir adelante.

Sus metas progresivamente se hicieron más grandes, sus recompensas más satisfactorias, y nunca perdió de vista sus objetivos. Tenía más tiempo con la familia y estaba expandiendo su creatividad de manera que su trabajo fuera más significativo. Pronto, él había construido un negocio en línea que lo convertía en un ingreso de cinco cifras. Pudo emplear dos asistentes para ayudarlo. ¡Y todo esto sucedió solo al final de su primer año!

¿El secreto? En primer lugar, creó una atmósfera de completa aceptación y aprobación por parte de su familia, que le proporcionó la estabilidad que necesitaba. En segundo lugar, se rodeó de amigos incondicionales, cariñosos y comprensivos que conoció durante nuestro seminario *Inner Forte™*, y recibió el entrenamiento que necesitaba, lo que lo animó a continuar. En tercer lugar, era lo suficientemente humilde como para saber que los millones no se hacen de inmediato. Comenzó de a poco, vio lo que funcionaba y lo que no, hizo ajustes y llevó sus logros al siguiente nivel.

Demasiadas personas establecen metas enormes e intimidatorias para encontrarse, semanas más tarde, cuando no están cerca de esos objetivos; desanimados y deprimidos. Se dan por vencidos aun cuando pueden haber estado haciendo un progreso significativo.

Para Bobby, fue imprescindible ir paso a paso y contar con el apoyo adecuado. Siempre es bienvenido y útil contar con personas amorosas que nos animan y respaldan, formando nuestro grupo de apoyo, brindándonos el aliento que necesitamos.

LA CURIOSIDAD
Permite que nuevas ideas florezcan

Esta parte de tu reinvención es acerca de la curiosidad y abrir tu proceso de pensamiento, para que tu mente se convierta en una tierra más fértil dónde se cultivan ideas nuevas, llenas de creatividad, que te motiven y te entusiasmen. ¡Cultivar la fascinación y la espontaneidad como las que tiene un niño, son atributos perfectos para esta fase!

Para ilustrar mi punto, usaré una historia de cómo la mente curiosa de un niño interpretó de manera brillante y creativa el funcionamiento de la conexión Cuerpo-Mente-Espíritu.

Hace años, en un día de primavera, estaba caminando por un hermoso campo de golf rodeado de un hermoso follaje que bordea un lago, con mi muy buena amiga Angie. Estábamos discutiendo la conexión entre la mente y el cuerpo y cómo las emociones negativas pueden afectarnos de maneras dañinas.

Fue entonces cuando su hijo Michael, de 5 años, que caminaba con nosotras y escuchaba atentamente, intervino:

"Mamá", le dijo: "Creo que sé cómo es esto".

"¿De verdad?", Preguntó mi amiga con mirada divertida. "¿Cómo?

"Bueno", respondió, "cuando una persona está enojada y tiene malos sentimientos, y mantiene los malos sentimientos dentro de ella durante mucho tiempo, esos malos sentimientos hacen en su cabeza una pelota pequeña, tal vez del tamaño de una bolita de ping-pong ".

"¡Guau! Entonces, ¿qué sucede?", le preguntó…

"Bueno... si siguen enojados, ¡esa pelota de ping pong crece hasta el tamaño de una pelota de baloncesto!

Y si *todavía* se sienten mal y enojados, entonces la pelota llega a ser tan grande, que la cabeza no tiene espacio para ella, por lo que la arroja al cuerpo. Donde aterriza, ¡ahí es cuando la persona se enferma!

Pensé para mí misma, "No está mal. ¡El niño está en algo! "

Esta historia ilustra perfectamente como mirar el mundo a través de los ojos de un niño te hace pensar "creativamente".

Descubrí en este episodio lo creativo que puede ser un niño cuando se le da rienda suelta para que exprese lo que tiene en su corazón, producto de su imaginación y de su curiosidad. Ese discurso creativo es muy representativo de la dinámica que permite a nuestras mentes volar, imaginar, y crear un nuevo destino, en lugar de la dinámica habitual que encontramos en nuestra sociedad, que pretende acallar y apagar nuestros sueños e inhibe el arte de ser curiosos, innovadores y creativos.

Por lo general, pensamos en un enfoque nuevo y diferente para algo y al instante nuestra mente "adulta" nos dice que estamos locos por considerarlo. Pero tal vez lo que acabamos de percibir es una nueva forma de hacer algo: ¡cómo cuidar nuestra conexión cuerpo-mente-espíritu!

Por lo tanto, no descartes de forma inmediata una idea que es inusual o que incluso parezca demasiado absurda. Al contrario, permite a tu curiosidad explorar esa idea y ver si hay algo en ella. Así es cómo encuentras nuevas y sorprendentes soluciones para desafíos que alguna vez hubieras evitado.

En otras palabras, no permitas ver solo los obstáculos que se interponen entre tú y tu pasión. En cambio, busca las soluciones para superarlos. De esta forma, los obstáculos se transforman en escalones que te conducen al éxito.

Dale cabida a la curiosidad y a la creatividad tal como lo haría un niño, y eso aumentará significativamente el placer y la inspiración que experimentarás durante la aventura de tu reinvención. Cuando pasas por esta fase, encontrarás que ahora estás cerca de las metas que visualizabas de una manera vívida. A medida que tu pasión continúa inspirándote para avanzar, la curiosidad y la creatividad de tu niño interior te mantendrán motivado y te ayudarán a abrazar cada nueva posibilidad.

¡Disfruta de esta maravillosa fase de tu vida y saborea por anticipado el gozo, de lograr tus sueños más anhelados!

Si sientes que has perdido el entusiasmo de tu niño interior para explorar y crear, aquí te daré **7** de mis estrategias más probadas que te ayudarán a nutrir esa parte tan importante de ti, e invocar "El Poder para Reinventar Tu Vida".

7 Estrategias para Incentivar la Curiosidad y Creatividad de tu Niño Interior

1. Despierta la intuición de tu Niño Interior

Dale a tu mente racional tiempo para descansar y al mismo tiempo, dale a tu espíritu instintivo libertad para ser curioso. Explora cada nuevo pensamiento, considerando solo los aspectos positivos de cada uno.

2. Ponte en Movimiento

Tu niño interior es como la mayoría de los niños, rara vez se queda quieto. En cambio, quiere explorar, jugar y moverse de una cosa a la siguiente, más rápido de lo que la mayoría de nosotros puede pensar. Entonces, ¡haz exactamente eso! La actividad estimula las endorfinas y la agudeza mental, y ayudará a que florezca tu curiosidad.

3. Escucha tus instintos

Sigue tus instintos y "escucha" tus corazonadas emocionales. Deja de analizar en exceso. Del mismo modo que los niños saben cuándo controlar su curiosidad o cuándo dejarla correr libremente, tu niño interior sabe naturalmente cómo atraer las mejores opciones hacia ti, principalmente porque presta mucha atención a lo que le están indicando sus instintos.

4. Vive en la pregunta

Como la mayoría de los niños, tu niño interior es curioso por naturaleza. Es esta curiosidad lo que permite a tu imaginación elevarse. Si te estás preguntando algo, aprende más sobre eso. No dejes ir tus preguntas, en su lugar, explora para responderlas.

5. Goza de tu Confianza Innata

¡Disfruta de tu curiosidad y tu confianza innata!

Observa cómo juegan los niños. Raramente se cuestionan a sí mismos. En su lugar, se permiten hacer lo que les interesa y estimula su creatividad. El niño interior que hay en ti también seguirá por dónde la curiosidad lo guie, porque también tiene una autoconfianza innata y está libre de preocupación.

6. Sé entusiasta acerca de saber más

Siente la emoción, cada vez que descubras algo o tengas un momento de "¡AHA!". Alentar el entusiasmo del niño que hay en ti te ayudará a superar el aburrimiento, la autocompasión y otras emociones negativas y te mantendrá entusiasta de seguir aprendiendo.

7. Disfruta y Diviértete

Expande tu imaginación haciendo cosas nuevas y diferentes que te gusten y te diviertan. Tu niño interior, por supuesto, ama la aventura. Así que, viajar; visitar diferentes países o incluso algunos sitios desconocidos realmente puede ampliar tu perspectiva. Ante todo, ¡disfruta el momento, tu reinvención, y tu vida!

Al comprometerte todo cambia. Te deslizas sobre la ola de tu reinvención con fluidez, confianza, y alegría, mientras te mantienes avanzando hacia tu futuro... ¿Adivina lo qué sigue? ¡Compromiso!

CAPÍTULO 7

Establecer el Compromiso y Disfrutar la Reinvención

"El compromiso es la clave para formar hábitos que irradien
y definan tu grandeza"

Yvonne Dayan

Estás lleno de energía y confianza; estás preparado para actuar según las ideas de los capítulos anteriores con las que has estado alimentando tu mente y tu alma. ¡Estás entusiasmado, y deberías estarlo! Ten en cuenta que las distracciones pueden debilitar tus aspiraciones. Por tanto, la reinvención requiere un compromiso firme para llevarla a cabo. Considera la situación siguiente para ayudarte a continuar firmemente dedicado a ti mismo y a tu éxito.

Piensa en una ocasión en la que alcanzaste un objetivo valioso, algo que realmente querías y que aún, cuando lo recuerdas, sonríes con satisfacción y orgullo...

¿Cuál fue tu nivel de compromiso?

¿Qué tan lejos estuviste dispuesto a ir para obtener tus resultados?

¿Estabas decidido? ¿O estabas bien haciendo una prueba y viendo si por casualidad, tal vez las cosas podrían funcionar?

Tus respuestas revelarán la disparidad entre las diferentes actitudes hacia el compromiso. Cuando estás decidido, conviertes las cosas en una prioridad. Cuando no lo estás, haces cosas solo cuando te sientes cómodo.

Si deseas tener éxito en la reinvención de cualquier área de tu vida, debes comprometerte a actuar. Si solo quieres hacer un cambio transitorio para salir del paso, entonces un compromiso no es tan esencial.

El compromiso es como una promesa que te haces a ti mismo, y es fundamental para crear la prosperidad, abundancia personal y profesional que proyectas en cada área de tu reinvención.

A veces me pregunto cómo puede la gente prosperar y alcanzar su plenitud sin comprometerse con algo, ya sea en las relaciones, en el trabajo de su vida, en servir y contribuir con los demás, en mejorarse a sí mismo o en cualquier otra buena causa.

Una vez que reafirmes tu compromiso con la reinvención, tus acciones fluirán más fácil y naturalmente, como sin esfuerzo, y lo que hagas terminará hablando más alto que las palabras. Considerando estos beneficios, corresponde ahora hacer una reflexión que te ayudará a explorar tu nivel de compromiso actual. Pregúntate…

¿Qué cosas te comprometes a lograr a través de tu reinvención?

Ya que reafirmaste tu compromiso con lo que quieres lograr con tu reinvención, ahora es el momento de enfocarte en convertir tu visión en *Acción deliberada. ¡La Acción es Poder!*

A continuación, te presento algunos ejemplos extraídos de

casos reales de mis clientes, donde la acción y el compromiso resultaron ser la clave para lograr sus objetivos:

- **Aumentar tus ingresos**

  Comprométete a ser creativo y descubre nuevas inversiones que puedan estar disponibles, o investiga sobre oportunidades para invertir con otros.

- **Cambiar tu manera de vestir**

  Comprométete a buscar ofertas y opciones provechosas para actualizar tu guardarropa.

- **Conseguir clientes nuevos**

  Comprométete a inscribirte en un nuevo club o a acudir a lugares donde puedas encontrar personas que necesiten tus servicios.

- **Superar las pérdidas**

  Comprométete a salir del aislamiento y únete a un grupo donde las personas no teman expresar públicamente sus sentimientos y sus deseos de trascender su dolor. Comprométete a abrirte y comparte cuánto (o quién) has perdido.

- **Reavivar tu pasión**

  Comprométete a crear un momento cada semana dedicado a disfrutar, a salir de tu zona de confort y hacer algo nuevo.

¡ALINEA TUS INTENCIONES CON TU COMPORTAMIENTO!

Cuando comiences a hacer realidad tus sueños, recuerda seguir hacia lo que deseas lograr con coherencia y actuar conforme al espíritu de esos objetivos.

Por ejemplo, supongamos que tus áreas de preferencia están centradas en alcanzar el éxito financiero. Si te acercas a un objetivo de esa naturaleza levantándote tarde cada día y gastando tu dinero imprudentemente sin ton ni son, esas riquezas que estás buscando probablemente sean esquivas. Por ello, necesitas cultivar acciones que apoyen tus aspiraciones y no las contradigan.

Tengo una estudiante y amiga llamada Jenna, cuyo objetivo era atraer a la pareja romántica adecuada a su vida. Aun cuando era tímida y un poco solitaria, estaba absolutamente dispuesta a salir de su caparazón y hacer tiempo para conocer gente nueva. Ella también se dispuso a hacer el esfuerzo de modificar su personalidad, para mostrarse más sociable con todos los que conocía.

Para ella, eso fue el curso de acción correcto. Alineó sus acciones con los objetivos a los que se había comprometido lograr y, en el proceso, reinventó su estado civil. En un año, pasó de soltera a felizmente casada y ahora goza lo mejor de ambos mundos, lleva un estilo de vida tranquilo, saludable, centrado en la naturaleza que ama, además de compartir su vida con el esposo amoroso que ella quería.

Tú también puedes disfrutar ese tipo de resultado positivo cuando estás comprometido con tu reinvención, y tomas pasos de acción para respaldar tu meta final. También se requiere cultivar el tipo correcto de hábitos que puedan apoyar tu compromiso para que tu visión cobre vida.

CREAR HÁBITOS ORIENTADOS A METAS

Los hábitos son los cimientos para lograr el éxito en cualquier área de tu elección. Curiosamente, no son las metas las que te llevan a tu destino, sino los nuevos hábitos de actuar, sentir y pensar que desarrollas durante el camino de reinvención lo que te llevará allá.

Cuando era adolescente, iba a la casa de mi abuela, q.e.p.d. (quien falleció a los 105 años), para hablar con ella, porque quería saber más de la vida y tratar de comprender mejor lo que me sucedía durante esa etapa.

Y mi abuela pragmáticamente me aconsejaba: "Hija Mía, termina lo que comienzas antes de empezar algo nuevo". En otras palabras, mantente enfocada; completa una misión antes de comenzar otra, y siempre tendrás éxito.

¡Ella tenía razón! mi conducta era la típica de un adolescente, que, en lugar de completar una tarea, iba dejando cosas inconclusas. Fue así, y gracias a su sabiduría, como comencé a comprender la importancia de los hábitos. Los hábitos negativos son destructivos y te disminuyen. ¿Hábitos positivos? Claro está, eliminan lo no esencial y evitan perder tiempo, te permiten crear y mantener buenas relaciones, te motivan y, en otras palabras, te ayudan a crecer.

A continuación, compartiré algunos hábitos básicos, y a la vez imprescindibles para que definitivamente los asumas a medida que continúas reforzando "El Poder para Reinventar tu Vida".

HÁBITOS POSITIVOS PARA EL ÉXITO

- **Demuestra confianza**

  Esta práctica es esencial para tu éxito. Las personas que te conocen necesitan saber que tienes confianza y eres seguro de ti mismo para llevar a cabo las cosas.

- **Sé puntual**

  La puntualidad refleja el aprecio por otras personas cuando valoras su tiempo lo suficiente como para cumplir tu compromiso. Cuando llegas a tiempo, demuestras responsabilidad y muestras respeto por los horarios de los demás.

- **Esmérate en tu cuidado personal**

  El hacer ejercicio, vestirte bien, comer saludablemente y descansar lo suficiente, te mantendrán fuerte, balanceado y alerta. Si estos hábitos ya no son parte de tu rutina, el introducirlos nuevamente es una gran idea, que te hará sentir fabuloso (a).

• **Muestra respeto por los demás y por ti:**

Las personas responderán más y te apoyarán más fácilmente si demuestras esta cualidad. También muestras respeto por ti cuando sigues tus propios compromisos de tiempo.

• **Expresa gratitud**

Tú has aprendido a tener gratitud por todo lo que hay en tu vida, ahora exprésala y encontrarás más cosas buenas que se te presentarán. Ten en cuenta que a nadie le gusta un quejoso, y a todos les gusta alguien que es humilde y se siente agradecido por lo que tiene.

• **Permanece en el "Ahora"**

Este es el único momento en el que tienes el control. Si te encuentras obsesionado con el pasado, date cuenta de que ya pasó, entonces déjalo ir. ¿Estás obsesionado con el futuro? Entonces es posible que te pierdas de disfrutar las cosas importantes que suceden en este momento. Mi mejor consejo es: *Mantente en el Presente, el Punto de Poder para Reinventar tu Vida.*

Cada uno de los hábitos anteriores hará que tu experiencia sea más agradable, divertida y gratificante, y más aún hará que el logro de tus metas sea exitoso. A modo de anécdota, una vez que tomé el consejo de mi abuela y desarrollé éstos nuevos hábitos de éxito ¡obtuve gran placer y resultados maravillosos!

"Inspiración es la fuerza espiritual que estimula la mente, impulsa las emociones y promueve la Acción"

INSPIRACIÓN
Elemento vital para el compromiso

Imagina que estás mirando con la vista de un pájaro el mapa de tu travesía de reinvención. ¿Puedes verlo en tu mente desde lo alto?

Si puedes, traza ese trecho desde el momento en que notaste que necesitabas una reinvención, durante los primeros pasos en el camino dónde encuentras el valor y dejas atrás las decepciones, hasta el momento de avanzar, llenándote de seguridad y confianza. Un poco más allá de esos hitos está tu lugar de inspiración.

Tu travesía de reinvención ha sido un despertar a lo que te inspira. Este paso es dónde descubrirás lo que a menudo escucho que sorprende más a las personas: Una vez que alcanzas la etapa de inspiración, te das cuenta de que reinventarte es tan agradable que te sientes como flotando con la corriente, disfrutando de un mayor nivel de felicidad, pasión, propósito y éxito. Tanto así, que hace que muchas personas decidan continuar reinventándose a sí mismas y lanzando versiones actualizadas de quienes son por el resto de sus vidas. Y esa es una decisión maravillosa. Significa que realmente te has comprometido a mejorarte y a disfrutar de manera continua.

Esto es el resultado de aprovechar sumergirte en tu pozo infinito de inspiración, un pozo disponible para todos nosotros, si estamos dispuestos a profundizar y descubrir sus estimulantes aguas de asombro y admiración. Lo que a su vez nos dejará preguntándonos,

"¿Por qué no lo hice antes?"

Examinemos mi definición de inspiración por un momento. Dentro hay tres elementos distintos que agregarán vitalidad a tu compromiso de reinvención. Estas son: Estimulación Mental, Experiencia Emocional y Acción Creativa.

Veamos cada elemento por separado:

1. Estimulación Mental

En el transcurso de este recorrido, has entrenado tu mente para buscar nuevos horizontes. Has continuado empujando los límites de tus conceptos erróneos previamente aceptados y absorbido nuevas ideas. Te has enseñado a querer aprender sobre cosas nuevas que conducen a otras oportunidades.

Tu mente es como una esponja; cuando no está estimulada se vuelve seca y quebradiza, se endurece y se hace inflexible. Permite que las aguas del libre pensamiento sigan creando un entorno maleable en tu mente. La estimulación mental de la que ahora eres capaz, será la fuente de la creatividad desde la cual fluirán las ideas para tu continua reinvención.

2. Experiencia Emocional

Al crear algo nuevo siempre se desencadenan emociones fuertes.

Por ejemplo, la pasión que experimentas cuando estás a punto de embarcarte en una nueva aventura; cuando alcanzas una de tus más preciadas metas; el sentido de aceptación cuando te das cuenta de que tus planes deben cambiar; o la valentía que debes demostrar al enfrentar los retos y resistir los obstáculos con fuerza y comprensión. Todos estos sentimientos alimentan tu inspiración.

> "¡Es difícil detener la persona impulsada por su fuerza interior!"

Debido a que has aprendido el arte de avanzar mientras honras tus emociones, tu travesía continuará con un propósito equilibrado, inspirándose en la integración de pensamiento y sentimiento a medida que continúas avanzando.

3. Acción creativa

Ya has realizado muchos actos creativos, aunque es posible que no lo sepas. Tu recorrido ha estado lleno de elecciones y acciones dirigidas por ti. A través de tu poder de reinvención, has creado la versión más auténtica de ti mismo que hayas conocido.

De esta manera, podrías llamar a todo tu proceso "un despertar a la inspiración" que ni siquiera sabías que tenías.

Continúa creando. Ten en cuenta que cualquier cosa que te atraiga a la exploración y creatividad está llamando a esa parte interna tuya que siempre está creciendo en comprensión y continúa buscando la autenticidad. Tu actividad creativa te acerca más a comprender la esencia de quién eres. Es una travesía que te llevará a lugares que nunca soñaste, y debido a que las personas cambian a lo largo de la vida, continuarás sorprendiéndote a medida que sigas avanzando en la dirección de tus sueños.

ACTÚA
Activa tu Visión de Reinvención

"Para liberar tu vasto potencial, !Actúa! La acción revelará más sobre ti que tu más alto ideal."

Yvonne Dayan

¡Ahora que has llegado hasta aquí, es hora de actuar sobre tu libertad e inspiración recientes, y emprender nuevas acciones!

¿Cuáles deberían ser tus primeros pasos? ¿Cómo puedes estar seguro de que estás realmente en contacto con El Poder del Universo? ¿Qué pasa si algunos aspectos de tu personalidad todavía te están reteniendo y te impiden fluir? ¿Cuándo debes seguir adelante y cuándo es recomendable parar y soltar las riendas?

Algunas veces es necesario buscar ayuda con estas preguntas. Detrás de algunos de los empresarios más exitosos, estrellas de cine, políticos, atletas y otras personas destacadas que han cumplido su propósito y logrado sus sueños, hay un "coach" o un asesor con vasta experiencia que los acompaña, y los capacita.

¡Esta es una verdad que puedes rastrear hasta el año 300 AC! ¡El legendario conquistador Alejandro Magno tenía su propio asesor personal, un filósofo tan famoso como Alejandro! Ese hombre era Aristóteles y ayudó a Alejandro a usar sus fortalezas y a entender sus debilidades, tanto que Alejandro dijo de él: *"Estoy en deuda con mi padre por vivir, pero con mi maestro por vivir bien"*.

Involucrarse con un "coach" y acceder a un grupo de apoyo, definitivamente puede ser una gran ayuda para que puedas progresar. Somos seres sociales, y prosperamos cuando nos sentimos respaldados, aceptados, aprobados, alentados y nutridos de la manera correcta por nuestros líderes, nuestras familias y nuestros compañeros.

El apoyo será útil cuando las cosas se pongan difíciles, lo que seguramente ocurrirá, porque es normal en cualquier proceso de cambio. También te ayudarán a retomar tu camino cada vez que te desvíes del rumbo que te has planteado. La cuestión está en asegurarte de que hayas encontrado el equilibrio perfecto entre la dependencia y la independencia.

También recuerda investigar acerca de los destinos a dónde quieras llegar. Hay muchas avenidas de información que quizás no hayas considerado:

- Internet es una excelente fuente. Tiene una amplia variedad de información y recursos para ayudarte a comenzar.
- Los periódicos, revistas y publicaciones periódicas pueden estar disminuyendo en popularidad, pero no los descartes por completo. Dependiendo de lo que estés buscando, es posible que tengan lo que necesitas; échales un vistazo.
- Cuando todo lo demás falla, pregunta a tu alrededor. Las personas que tienen experiencia en las áreas que te interesa explorar son felices de ayudar. El boca a boca sigue siendo una excelente fuente de ayuda.

Una vez que hayas investigado lo suficiente como para saber por dónde empezar, empieza. Recuerda que, tú vales, y tu reinvención también vale, todo el esfuerzo que hagas para comenzar esta nueva etapa de tu vida. Tus nuevas experiencias serán aquellas de las que podrás aprender y atesorar: puedes verlas como los dulces frutos de la reinvención.

Sigue tomando acción, y podrás sentir la alegría de la inspiración que te motivará a continuar una aventura de reinvención permanente, que te acercará cada vez más a ser la versión más auténtica, increíble y fabulosa de quién realmente eres tú.

APOYO CUANDO MÁS LO NECESITAS

Lo has escuchado antes; es probable que surjan desafíos que pongan a prueba tu compromiso para continuar con tus más deseadas metas. Estos retos forman parte de cualquier curso de acción (con el potencial de cambiar la vida). Así que, no permitas que los contratiempos te desanimen.

Considera un pichón, haciendo sus primeros intentos de vuelo. El destino del pájaro es volar, y sabe instintivamente que debe hacerlo. Pero incluso las aves tienen maestros que los impulsan animándolos, inspirándolos y mostrándoles como elevarse.

A veces, todo lo que necesitas para seguir adelante es una mano amiga. Nuestros "coaches" expertos se complacen en ayudarte a continuar con tu transformación y a permanecer comprometido con tu éxito.

Entendemos el lugar en el que te encuentras; una vez estuvimos allí y es un placer para nosotros ofrecerte herramientas adicionales que necesites para vivir tu reinvención al máximo. Es un privilegio poder acompañarte en tu camino.

Tu travesía es tan única y bella como tú, y nos sentimos agradecidos por la oportunidad de asistirte a lograr los grandes éxitos y la felicidad que te espera.

7 Estrategias para el Compromiso y Disfrute de tu Éxito y Pasión

Este libro ha documentado todo el esfuerzo que se necesita para lograr una reinvención exitosa.

Seamos conscientes de no olvidar que la alegría siempre debe ser una parte integral de la vida cotidiana. Aquí te entrego 7 estrategias de reinvención para asegurar que sigas comprometido con tu éxito y que disfrutes la travesía hacia tu destino.

1. Apréciate a ti y a tus esfuerzos

Amate y apréciate en cada paso de tu travesía. El aprecio mejora tu personalidad, las relaciones, la salud y la carrera; y te hace más atractivo a los demás. Multiplica todo lo que tocas y atrae abundancia a tu vida.

Celebra cada triunfo y cada victoria; saborea los dulces frutos de tu reinvención sin importar cuán grandes o pequeños piensas que son. Todos son valiosos, y cada uno es indispensable para lograr tus éxitos más importantes.

2. Permanece humilde

Permanece abierto a escuchar las ideas y recomendaciones de otras personas. Eso no significa que tengas que estar de acuerdo con ellos o incluso tomar sus sugerencias, sino que las consideres como tus opciones. Es posible que alguien tenga una idea que hará que las cosas sean más fáciles y más funcionales, lo que finalmente te ayudará a alcanzar tu objetivo de manera más eficiente.

3. Cultiva relaciones duraderas

Asegúrate de que las personas se sientan bien en tu presencia. Mantén una actitud positiva y crearás relaciones satisfactorias que te respaldarán y empoderarán para ver en su totalidad las metas de tu reinvención.

Haz que la gente se sienta valiosa al lado tuyo. La forma en que las personas se sienten a tu alrededor es un reflejo de cómo las haces sentir. Si haces que se sientan estupendas, interesantes, seguras, sexy, adorables, inteligentes, atractivas, bien parecidas, cuando estás cerca, le vas a caer bien y querrán estar contigo. Si se sienten insignificantes, torpes, aburridos, estúpidos o poco atractivos a tu alrededor..., como es de esperar, entonces, ¡no las verás mucho!

4. Mantén el humor ignorando el rumor

Mantén siempre despierto tu sentido del humor. En cada situación hay humor, todo lo que necesitamos es captarlo y utilizarlo. Recuerda esto: ¡Tendrás una larga vida despertando tu sentido del humor y alejándote de aquellos que solo quieren crear rumor!

5. Continúa Aprendiendo

Haz que la educación sea una experiencia para toda la vida. Tal vez quieras regresar a clases a tiempo completo, asistir a clases ocasionales, estudiar por tu cuenta o asistir a nuestro seminario donde podrás conocer personas de ideas afines que están en la misma onda y también quieren mejorar su vida y su entorno, lo que más te convenga, y continúa descubriendo más sobre los temas que te interesan.

6. Busca un "Coach" de Reinvención

Un coach de reinvención puede ayudar con muchas facetas de la vida, que incluyen:

- Reinventar tu carrera

- Reinventar tu vida amorosa

- Reinventar el propósito de tu vida

- Alcanzar metas desafiantes

- Crear prosperidad

- Crear más tiempo libre en tu vida

- Conseguir que tu cuerpo vuelva a estar en forma

- Comenzar un nuevo negocio

Tu "coach" de reinvención también es tu animador. La vida es más fácil cuando alguien está a tu lado. Cuando sabes que cuentas con el apoyo de un experto, es más fácil asumir riesgos y perseguir grandes metas.

Los "coaches" de vida también te presionarán cuando lo necesites, porque han visto que muchos clientes intentan evitar exactamente lo que más necesitan para su éxito. Ellos sabrán cuándo estás siendo complaciente y te ayudarán a avanzar, te motivarán a tener éxito y a comenzar a vivir en tu más alto nivel de ser.

A la mayoría de nosotros no se nos enseñó formalmente a vivir exitosamente. La experiencia de un coach de vida y carrera de ayudar a muchas personas a llevar vidas exitosas y con satisfacción, puede serte útil para descubrir qué quieres hacer con tu vida, y lograrlo rápida y eficazmente.

7. ¡Relájate! y déjale a El Universo los detalles.

¿Alguna vez te has dado cuenta qué pérdida de tiempo y energía es preocuparse?

La preocupación te estresa y puede hacerte envejecer prematuramente. También quita tiempo valioso, que podrías emplear en crear soluciones a tus problemas, en lugar de estar obsesionado y distraído por ellos.

Piénsalo: el 90% de tus preocupaciones nunca se cumplen. Entonces, ¿por qué dejar que te persigan?

En lugar de eso, relájate, respira profundamente y sé feliz sabiendo que El Universo te respalda y se encargará de todos los detalles de tu vida. Sigue adelante, sabiendo que, con todos los misterios desconocidos, este sigue siendo un mundo maravilloso.

Sonríe y otros absorberán tu energía positiva y la buena vibra que emana de ti. Comparte el amor y difunde la alegría de tu "nuevo yo" por todos lados; ¡Sé ese faro de luz que estabas destinado a ser*! ¡Y, sobre todo, vive desde tu Fuerza Interior!*

CONCLUSIÓN

¡Felicitaciones por finalizar este libro! ¡Eres fantástico! ¡Has demostrado que estás comprometido a seguir desarrollándote, a crecer y disfrutar de lo mejor que la vida tiene para ofrecer, a dar lo mejor de ti al mundo y a aquellos que amas!

Así que, con esto en mente, me gustaría recomendarte que des el próximo paso hacia tu crecimiento y evolución y para esto te ofrezco mi curso en línea llamado:

"El Poder para Reinventar Tu Vida - Curso-en-Línea™
¡21 llaves para Impulsar tu Pasión, Propósito y Éxito!

Para más información, será un placer que nos visites en:
http://reinventcourse.innerforte.com.

Este curso te guiará paso a paso, a través de 21 lecciones dinámicas e interactivas para desarrollar tu potencial y mantener tu vida siempre emocionante, descubrir nuevos niveles de *Pasión, Propósito y Éxito.*

Estas lecciones también te ayudarán a resaltar tu mejor versión, la más fabulosa y dinámica de quién realmente eres, manteniéndote motivado para ser el mejor, tener lo mejor y atraer a ti lo mejor que la vida tiene para ofrecer. De forma que puedas ¡prosperar, amar y sanar tu vida!

A medida que avanzas en este curso, tendré el privilegio de interactuar personalmente contigo, motivarte, entrenarte y desafiarte a sobresalir, eliminar obstáculos y dar paso a tu grandeza. ¡Siempre!

"GRACIAS" por comprometerte a mejorar tu vida al leer este libro. **"BIENVENIDO"** a nuestra Familia de *Inner Forte™* Hasta que nos encontremos de nuevo, te deseo la mejor de las suertes en la búsqueda exitosa de tu misión!

Prospera abundantemente, ama más plenamente y
"¡VIVE... TU FORTE!"

ACERCA DE LA AUTORA

Yvonne Dayan, psicóloga, autora #1 de bestsellers, conferencista, y experta en entrenamientos "coaching". Es pionera en el campo del potencial humano. Sus seminarios de empoderamiento personal han entrenado a miles a lograr el Éxito en su Inteligencia Emocional, Prosperidad, Salud, Amor y Espiritualidad.

Como destacada motivadora, con diversos títulos en psicología y asesoría, Yvonne a menudo es buscada por los medios de comunicación como experta vocera en los campos de éxito y el comportamiento social. Ella ha aparecido internacionalmente en numerosos programas de televisión y radio, en revistas y periódicos. Y actuó junto a Harrison Ford y Kristin Scott Thomas en la película "Random Hearts". También apareció junto a otros expertos en la película documental: *Todo Menos Ordinario: Personas Ordinarias, llevando Vidas Extraordinarias.*

En 2005, Yvonne produjo su aclamada serie de DVD "Creando tu propia Fuente de Juventud", "Bajando la luz Divina" y "Restaurando tu alma a Plenitud". Esta trilogía creó un cambio de paradigma en la forma en que usamos nuestra conexión mente-cuerpo-espíritu para crear y atraer la juventud, la salud y la prosperidad.

Es coautora con el legendario Brian Tracy del "bestseller *Change Agents*", y más recientemente coautora con Steve Forbes del "bestseller *SuccessOnomics*".

Impulsada por sus principios, la mayor pasión de Yvonne ha sido dedicar su vida a llevar a emprendedores a realizar su máximo potencial para lograr sus sueños de éxito en las áreas del amor, salud, éxito y espiritualidad. Especialmente a empoderar mujeres, que estén listas para superar el pasado y prosperar abundantemente, amar más plenamente y mejorar nuestro mundo.

Fundadora de Inner Forte™, y iMastery™, Yvonne ha dirigido sus programas transformacionales durante más de 25 años, incorporando técnicas únicas que cambian vidas. Ella enseña activamente sus seminarios de Inner Forte™ o tu "fuerza interior" en los principales centros de transformación alrededor del mundo.

Para obtener más información sobre cómo Yvonne puede ayudarte a vivir desde tu fuerza interior, visítala directamente en www.YvonneDayan.com

✉ info@innerforte.com
f YvonneDayan1
Ⓘ Yvonnedayan1
in Yvonnedayan
𝕏 Yvonnedayan1

www.InnerForte.com

OTRAS OBRAS DE YVONNE DAYAN

Nuevo de Yvonne Dayan en 2020:

Reinventa Tu Vida "Tarjetas de Afirmaciones Positivas"

Reinventa Tu Vida – "Curso en Linea & Serie de Webinar"

Nuevo Libro de Yvonne: *Inner Forte™ Tu Fuerza Interior*

Otros Libros:

Co-autora del Best seller *Change Agents* con Brian Tracy

Co-autora del Best seller *SuccessOnomics* con Steve Forbes.

Disponible en www.Innerforte.com -

DVDs:

Creando tu Propia Fuente de Juventud

Bajando la Luz Divina

Restaurando las Partes Perdidas de Tu Alma

Disponible al Mayor: Devorss & Company, New Leaf Distributing Company, innerforte.com

Individualmente: amazon.com, innerforte.com

Seminarios:

Reinvéntate! Seminario de 1-Día

Inner Forte™ Seminario de 3-Días

Para asistir a nuestros *seminarios estrella Inner Forte™* o invitar a Yvonne a dar una conferencia en su ciudad contáctenos en: info@innerforte.com. 1-877-522-9642.

www.innerforte.com

www.ingramcontent.com/pod-product-compliance
Lightning Source LLC
Chambersburg PA
CBHW032101080426

42733CB00006B/376